輝く未来が待っている

谷口清超

日本教文社

はしがき

1

人は誰でも、「無限力」を持っている。若い人でも持っているが、年寄りでも持っている。ヨボヨボの老人も、死にかかった病人にも、「無限力」がある。

「そんなバカな……」

と思うかも知れないが、それは人間が「肉体」ではなく、その持主である〝主人公〟〝人間の霊〟〝タマシイ〟「いのちそのもの」だからである。ことに若人《わこうど》には、この世での寿命がタップリあるから、いくらでもその力を出すチャンスがある。だから、

「輝く未来が待っている」

と言っても、「困った」とか「ウソをつけ！」などと言う人は、少ないだろう。

しかし本当の「無限力」は、タマシイにあるのだから、そのタマシイがないと思っている人には、ピンと来ないかも知れない。

そこで本書では、まずそのタマシイが不死・不滅だということを認めなくてはならない

と主張するのだ。それを認めるには、とにかく認めやすい所から始めよう、というので、

「自分もすばらしい！」

という項目が最初に書いてある。一体どこが「すばらしいか」というと、先ず第一に、この『輝く未来が待っている』という本を手に取って、せめて「はしがき」でも見ようかと思って、それを見てくれている所が「すばらしい」のだ。

今の世の中では、テレビやラジオが発達して、〝本を読む〟という〝高級な趣味〟を忘れ去った若者が多い。ケータイやマンガ本は持ち歩くが、こんな四六判の本など、手にとって開かない人が多い中でも、あなたは違っていた。

少なくとも、この「はしがき」だけは、読んだのだから「すばらしい！」のである。

しかし「はしがき」だけではなく、もっと本文も読んでくれると、もっとすばらしい。するとⅠ、Ⅱ、Ⅲ、Ⅳ、Ⅴ、Ⅵと、六つの章が出て来て、イヤと言うほど、タマシイのすばらしさや「無限力」があることが、よく分かると思うのである。

大体「はしがき」は「端書き」とも書いて、端《はし》の方の隅《すみ》の方に書いた序文だ。読んでも読まなくてもよい、というようなもので、そんな「はしがき」を、ここまで読んで下さったあなたが、すばらしい「読書家」であるのは確かである。

もしかしたら、「読書家の卵」かも知れないが……するとますます確実に、

『輝く未来が待っている』
ことになるのである。そもそも「書物」というものは昔からあった〝智慧の宝庫〟であり、将来どんな時代になっても、テレビやパソコンやケータイだけになるはずはない。何故かと言うと、こういう電子器具は、その書かれた内容がすぐ消えてしまって、行方不明になるだろう。ウイルスに冒《おか》されると、たちまち使えなくなったり、意味不明になるが、書物はそんなに「消え去る」ものではないからである。

「重い」とか「面倒くさい」という人がいるかも知れないが、そういう若者が、重いリュックを担いで山登りをしたりする。「面倒くさい」のは、本を読むことより、本を書くことの方が、そして又「はしがき」まで書く方が、よほど面倒くさいのだ。

しかし人間の「無限力」は、「面倒くさい練習」をしたり、努力したりしなくては、出て来ないものである。これは、ピアノでもヴァイオリンやギターでも、やってみると分かるだろう。

毎日まいにち、何時間も練習する。それを一日でも休むと、その遅れを取り返すには、一週間ぐらいもかかる。

ところが読書は、ちょっと休んだくらいでは、決して「智慧おくれ」にはならない。十分間、どこかのトイレで読んでも、その十分間が生きて輝いてくる。「生長の家」

の教えの中に、

「今、すぐ立て！」

というコトバがあるが、そのコトバをトイレの中で読んだ人が、突然立ち上って、用便をすますことが出来なかったという〝笑い話〟があるくらいだ。

こんな力のこもった言葉は、やはり文字に書いてないと、ケータイやパソコンやテレビでは出て来ないだろう。

こうして古いものにも、値打ちがあるということを知って下さると、きっと父母に感謝することが出来て、「天下太平」「家内《かない》安全」となり、わが祖国もまた安泰となるのである。

大変　失礼いたしました。

平成十六年六月十五日

谷口清超しるす

輝く未来が待っている

目次

はしがき

Ⅰ　無限力を出すには

Ⅱ　学ぶことは楽しい

I　無限力を出すには

1 自分もすばらしい！

かくしている

人はみな「無限力」を持っている。ところが多くの人々は、この力をあまり出していない。〝かくしている〟と言ってもよいだろう。それは皆さんが、しっかり勉強をしていても、友達にはかくして、「いいかげんに遊んでいるよ」などと言うようなものだ。お金を持っていても、そのお金を全部さらけ出さないで、一部しかポケットに入れていないようなものである。

しかも人間は肉体ではなくて、その肉体の主人公であり、持主であるところの「たましい」だ。だから肉体が死んでも、まだどこまでも生き続けるいのちだ。即ち「仏さま」であり「神の子」であり、「無限力」があり、すばらしいのだ。神様、仏様と言えるからである。

ところが多くの人はどうしても〝肉体〟に引っかかる。それが本当の自分のように錯覚するのである。すると「何とちっぽけな自分だろう」と思ったり、「力が足らぬ、つまらない自分だ」と思いはじめる。それは丁度自分の乗っている自動車が小型のボロで、きたないというだけの話であり、その小型自動車の〝持ち主〟が小さくてつまらない存在ではないことを忘れているようなものである。

ところが、お金持ちや偉い人が、みなピカピカの〝高級車〟に乗っているとは限らない。それどころか見かけの立派な車に乗っていても、実力のない（現していない）人はいくらでもいる。中には自動車に乗らないで、バスや電車で通っている大会社の社長さんなどもいる。それは都会の道を車で混雑させたり、排気ガスで汚すまいと思うからである。

だから自分の〝肉体〟の小ささや、ブツブツが出来たとか、手足が不自由だとかいうことにこだわってはいけない。お金がナイなどということはゴクつまらぬことであり、どんな人でも幼いころにはお金はもたない。赤ちゃんは、みな無一文で生まれて来て、体重も三キログラムぐらいしかないではないか。その赤ちゃんが、どんどん大きくなり、色いろの才能を現し始めるのだ。このことが、「地上に天国を成就する祈り」（『聖経版 真理の吟唱』*）の中にはこう書かれている。

『神はわが父であり、母であり給う。神は無限であり給う。現象界は、時間の流れに於《お》いて、空間のひろがりに於いて、神の無限内容が、形の世界に展開するのであるから、それは永遠の進歩であり、無限の生長であり、これだけ進歩したから、もう進歩しない生長しないということはないのである。（後略）』と。

いじめにあった

ところがこの人生では、「神の子・人間」のことを知らない人が多いから、色いろの悩みや争いが起るのである。〝いじめ〟が起るのもその一つだが、これはみな相手のすばらしさを認めず、自分のすばらしさにも気づいていないからだ。例えば大阪近くに住んでいる筑原瞬二《ちくはらしゅんじ》君（昭和五十八年九月生まれ）が、平成十三年十月七日に総本山*で、こんな体験談を話してくれた。

彼は幼いころからアトピー性の皮膚炎で、小学校四年生のころから「見た目で気持悪い」といっていじめられるようになった。さらに「葬式ごっこ」をされたという。彼が学校に行くと、机の上に花瓶が置いてあり、〝哀悼《あいとう》の言葉〟を書いた色紙がのせてある。それを見ると段々腹が立ってきて、色紙をポーンと後ろに抛《ほう》り出すと、それがゴミ箱の中に入った。それ以来いじめがドンドンとエスカレートした。

いじめのような行為は、人の肉体の欠点を見て、それをタネにして人間の人格の欠点のように考えるバカげた傾向だが、人間の本質が何であるかを知らない者の陥《おちい》る大変なあやまちである。五年生になってもこのいじめは続き、六年生の卒業間近には、筑原君の給食のシチューの中に、沢山の画鋲《がびょう》が入っていたという。中学校に入ると、全く同じことで、いじめと登校拒否と転校とを繰り返したのである。

「お前はウットーシイ、この世にいらぬ者だ」

などと言われた。このようにいじめをやる者は、決して強者ではなく、弱虫なのだ。ひとを傷つけて、自分がわずかに優越感を味わうというのは、バケツの中のカニがお互いに別のカニを引きずり下ろして、自分が先に外に出ようとあがくようなものだからである。

さらに机の上に「死ね」などと書いてあった。彼はこのような悪いコトバをあびせられ続けたために、完全な登校拒否に陥り、人間不信となり、心を閉ざしてひきこもり、対人恐怖症となってしまった。そして「早く死にたい」と思い始め、自分の手頸《てくび》を切ったが、血が出て来ない。そのような時、彼の母の靖江さんがひとから『生命の實相』*という本を勧められ、おかげで彼も「生長の家」の教えを知るようになった。

ところがどうしたことか母は間もなく交通事故に遭って入院された。彼はひまだったから、毎日見舞に行った。すると母が彼の目を見つめて、練成会*へ行きなさいと勧めてくれた。そこで大阪の教化部*で行われた夏季の〝中学生練成会〟に参加したのである。

すばらしさが出る

このようにして、〝陰極〟が〝陽転〟した。悪いことや不幸が重なっても、どんな失敗や迫害があっても、必ず道は開けるのだ。それは人間が本来「神の子」であり、神の愛はすでに満ちあふれているのが「実相*」だからである。彼が練成会場に入ったところ、その途端に、

「ありがとうございます」

と言って拝まれた。びっくりしているうちに、男子班に入れられ、やがて河野《こうの》知足《ちたる》さんという先輩が色いろ話しかけて、相談に乗ってくれ、「これアトピーか？　痛くないか？」と言いながら深切にアトピーの足をさすってくれた。

彼は久しぶりに人の温かい心にふれた思いがして、ものすごく感動した。さらにその日の夜、河野さんは班の人たちを呼んで、筑原君の悩みや希望を詳しく聞いてくれた。そこで彼は彼らと話をし始め、色いろなアドヴァイスを受け、「この人達とならば信じ合える」と思い、明るい気持になれたのであった。

さらに練成会二日目には皆と一緒に登山をした時、彼は蜂に刺されて歩けなくなった。だが皆と一緒に歩き続けたいと希望したので、練成会の講師の方や友達に代わる代わる負ぶってもらい、やっと下山することができた。そして最後に負ぶってくれた西新さんが、「自信を持ちや！」とはげましてくれ、とても嬉しかった。さらに二日目の夜に個人指導をうけた。すると、

「いじめた子供たち（の幸せ）を祈りなさい。彼らと遊んでいる自分を心に描いて、祈りなさい」

と教えて下さった。彼はそれをずっと続けた。すると卒業式間近になったころ、いじめのリーダーの生徒がやって来て、

「筑原、つらかったやろ、ごめんな」

と謝ってくれ、以後いじめがなくなったのである。人のために祈るということは、相手を赦《ゆる》す以上に、もっと高い境地に出ることだ。それは現象を越えて「愛を行ずる」ことだから、今まで隠されていた無限力が解放されて躍り出る。すると全ての人は本来「神の子」であるから、「神の子」の愛や良識が現れて、今まで行《おこな》って来た行為の間違いに気付き、おわびをしたりしてくれるのである。

自分の過ちに気づいて謝るということは、その人の弱さではなく、強さを示してい

る。人に感謝するということも、本人のすばらしさを示すバロメーターだということができる。それ故『大調和の神示*』には、

『天地万物と和解せよとは、天地万物に感謝せよとの意味である……感謝し合ったとき本当の和解が成立する……皇恩に感謝せよ。汝の父母に感謝せよ。汝の夫又は妻に感謝せよ。汝の子に感謝せよ。汝の召使に感謝せよ。一切の人々に感謝せよ。天地の万物《すべてのもの》に感謝せよ……』

と示されている。このようにして、さらに神想観*や聖経*の読誦《どくじゅ》を続けた筑原君は、その後救われたこの御恩を返したいと思い、大阪教区で青年会*活動を続け、練成会の奉仕をし、さらに生長の家青年会の生高連*委員長となり、平成十六年には京都の青年会で、後進のために大いに活躍しておられるのである。

基本練習

このように、人間の本質が「神の子」であり「仏性《ぶっしょう》そのもの」だと自覚することは、自分を除いた他人だけのことではない。自分も「神の子」であり「仏さま」だということの自覚が大切である。そうでなければ「一切の人々に感謝する」ことはできないだろう。何故なら、自分もまた「一切の人々」の中の一員だからである。

あるいは又、もし医療施設に入るならば、そこの医者も看護婦も「一切の人々」の中の一人であるから、「感謝する」のであって、嫌ったり逃げかくれしたりする必要は全くないのである。しかし又「感謝する」とは、その相手の言う通りになるということとは違う。何故なら、人にはそれぞれ色々な考え方があるから、全ての人々の言う通りにしていては、支離滅裂な生活になるからだ。

昔、ある宗教家（黒住宗忠《くろずみむねただ》）は母から「雨がふるから足駄《あしだ》（雨用の下駄）をはいて行け」と言われ、父からは「晴れるから草履《ぞうり》で行け」と言われて、片足に足駄をはき、片足にふつうの草履をはいて行ったというが、天地一切の者というととても数が多いから、皆の言う通りをしていたら、それこそ気が狂ってしまうだろう。

だから、心から全ての人々に感謝しながら、やはり自分で「これが正しい」と思う道を進むのである。そこに自分自身のすばらしさが現れてくる。しかしそのためには常に「神想観」を行じて、神のいのちと一体である自分をみつめる行いをしていなくてはならない。すると自然法爾《じねんほうに》（そのまま）に、すばらしい自分の姿が実現するのだ。

すばらしさとは形式的な名誉や地位でもなく、収入の多い少ないでもない。いつも力一杯、明るく、たのしく生きることだ。そこにウソやゴマカシがあってはならない。そして自分の欠点や足らない点のみを心に描かないことだ。

例えば有名な牧阿佐美《まきあさみ》さんというバレリーナが、こんな内容の話を『讀賣新聞』（平成十三年十二月十二日）に書いておられた。彼女のお母さんもバレエをやっておられ、阿佐美さんも十一歳から本格的にバレエの稽古を始めた。そしてバレエ団を結成し、やがて内弟子をとり、生徒さんも二百人以上となったそうである。

『（前略）でも、稽古場に通う必要もなくなり、バレエ一色の生活になったのとは逆に、私は踊ることに迷いを感じるようになりました。大きくて奇麗な体形の後輩が次々育ってくるのに、私は百四十五𢍁《センチ》。バレエに本当に向いているのだろうかと悩み出したのです。

「小さく産んで」と母に恨みごとをぶつけ、「やめたい」とも言いましたが、説きふせられてしまいました。母は元小学校教師ですから、説得は本当に上手でしたね。

アメリカからスラベンスカ・フランクリン・バレエ団とゲストの世界的バレリーナ、アレクサンドラ・ダニロワが来日したのはちょうどそんなころでした。

歓迎パーティーでお話をしたのがきっかけで個人レッスンに訪れたダニロワ先生は、「アサミは何でもできているけれど、四角い部屋を丸く掃いている」と言いました。母が、「将来は日本で踊りながら後進を育てさせたい」と言うと「それならアメリカに預かりたい」と留学の道を開いて下さったのです。

バレエへの迷いはそれでも吹っ切れず、母に反抗して、英会話の学校にも一日も行かなかった。アメリカに飛び立った時は、機内で泣いていました。でも、アメリカに着けば踊るしかない。踊ることが、本当は好きなのですから。「バレエ・リュス・ド・モンテカルロ・スクール」に入って、専門の異なる七人の先生のレッスンを受けました。

最も時間がかかったのは、すべてのパ（ステップ）のつなぎとなる「グリッサード」の稽古でした。日本では回転や跳躍など大きな技ばかりに取り組んで、このような基本はないがしろにしていた。まさに「丸く掃いていた」のです。わずか一年でしたが、アメリカ留学は生涯の財産となりました。』

牧阿佐美さんも、大きな技《わざ》ばかりを上達しようとして、基本をないがしろにしていたという。だから「四角い部屋を丸く掃いている」と教えられ、自分の体形が小さいことの埋め合わせをしようとしていた間違いを悟ったというのだ。

全ての人々に共通していえることは、〝基本をしっかりする〟ということで、その宗教的な基本は「神の子・人間」ということである。即ち、いつも「自分のすばらしさ」をハッキリ認め、それを毎日しっかりと心で観る「神想観」の実修を行うことが、とても大切な〝基本練習〟なのである。

＊『聖経版 真理の吟唱』＝生長の家創始者・谷口雅春著。霊感によって受けた真理の啓示を、朗読しやすいリズムを持った文体で書かれた〝真理を唱える文章〟集。（日本教文社刊）
＊総本山＝長崎県西彼杵郡西彼町喰場郷一五六七にある生長の家総本山。
＊『生命の實相』＝谷口雅春著。頭注版・全四十巻。愛蔵版・全二十巻。昭和七年発刊以来、累計一千九百万部を数え、無数の人々に生きる喜びと希望を与え続けている。（日本教文社刊）
＊練成会＝合宿して生長の家の教えを学び、実践するつどい。
＊教化部＝生長の家の各教区における布教、伝道の中心となる拠点。
＊実相＝神によって創られたままの本当のすがた。
＊『大調和の神示』＝谷口雅春先生が昭和六年に霊感を得て書かれた言葉で、この神示の全文は聖経『甘露の法雨』『生命の實相』（頭注版・第1巻）『新編 聖光録』『御守護神示集』（いずれも日本教文社刊）等に収録されている。
＊神想観＝生長の家独得の座禅的瞑想法。詳しくは、谷口清超著『神想観はすばらしい』、谷口雅春著『新版 詳説神想観』参照。（いずれも日本教文社刊）
＊聖経＝『甘露の法雨』を始めとする生長の家のお経の総称。他に『天使の言葉』『続々甘露の法雨』『聖使命菩薩讃偈』などがある。（日本教文社刊）
＊青年会＝生長の家青年会。生長の家の青年男女を対象とし、生長の家の真理を学び実践する会。
＊生高連＝生長の家高校生連盟の略称。

2 無限力がある

あるかないか？

「人間には、みな無限力がある」

と言うと、たいていの人は、拒否反応を示して、

「そんなバカなことはない。私はどうしても数学がニガテだ」とか、

「僕は音楽がきらいだ。うまく歌えない」

などと言うかも知れない。しかし「無限力がある」という意見にいくら賛成する人でも、出来ないことがいくらでもあるだろう。難しい問題は解けないし、弁護士の資格を取ろうとして、四苦八苦している人も沢山いる。つまり実際には力が足りないといった状態なのだ。


国技館などで〝春場所〟とか〝秋場所〟などの大相撲が行われているが、どの力士

もみな無限力があったら、みな白星をとって、黒星の力士は一人もいなくなるはずだが、そんな話は聞いたことがない。力の差はハッキリと現れてくる。それはどうしてかというと、まだ「無限力」が出ていないというだけで、ナイわけではないからである。

例えば何か買物に行ったとしよう。ある店ですてきなカメラを見つけ、買いたいと思ったが、財布の中のお金が足りないので、買えずに帰ったという場合もある。しかし家にはまだお金があったから、次の日にはそのお金で、やっと買えたとしよう。

このような時は、カメラを買う力はあったのだが、最初の日にはお金が足りなかった。お金がナイわけではないが、その時は買えない。それはその時「財布にお金を入れていなかった」からだ。そのように買う力はあっても、その力を出しきれない時は、買えないのである。

それと同じように、無限力があっても、それを出さずして、その時負けてしまうということは、いくらでもある。お金ばかりではない。勇気でも、ヤル気でも、同じことだ。平成十四年十月六日の『讀賣新聞』には、札幌に住んでいる高校生、鎌田未生さん（17）の次のような投書がのっていた。

勇気を出す

『ボランティアは自分の意思によって行うことだと思う。でもその意思があってもなかなか勇気が出ない。

例えば電車を降り、階段を不安そうに下りているお年寄りを見かけた時など、手を貸してあげたい場面は少なくない。だけど見ず知らずの人に力を貸しているのを見る機会はない、と言っていいくらい、自分も含めて行動に移せない人が多いと思う。

勇気がないというのも理由の一つだが、その人は助けを必要としているのだろうか、などと考えるうちに機会を逃すこともある。

今、高齢社会やバリアフリーの推進が問題になっている日本だが、障害者や体が不自由になってきたお年寄りと、元気な人が触れ合う機会はまだまだ少ないように思う。

街の機能が使いやすく変わることも大切だが、その前に私たち人間が変わらなければいけないのでは。』

つまりこの高校生は、勇気があるのに出さない人が多いという。だから、今まで出さなかった勇気を出して、良い社会を作ろうという提案だ。こうした「勇気」とか「愛」とか「智慧《ちえ》」というものは、物やお金とちがって「いくらあるか分からない」のだ。つまり物や金ではなく、目に見えない隠れた「宝もの」だからである。

こうした「能力」は、隠れていて見えないから、いくらあるかは分からない。ところが、いままであまり出さなかったから、隠れたままでいたのであって、出そうと思えば今すぐにでも出せる「宝もの」だ。それは「無限にある」といってもよい。ただ今まで「ナイ」と思ったり、怠《なま》けたりして、出さなかっただけだと言うことが出来るのである。

さっき大相撲の勝負について書いたが、横綱を下の力士が倒した場合などは、場内が大さわぎになる。平成十四年九月十一日の『産経新聞』には、こんな投書がのっていた。

『

小林貞雄　76（新潟市）

大相撲で横綱を倒した力士に興奮のあまり、観客席から座布団が投げられる。これに対して「危険ですからやめてください」と何度も繰り返し場内放送されるが、一向にやめない。これを見た子供たちは、「大人はやめろと注意されてもやめない」と思ってしまう。

たまたまある公園で親子が遊んでいた。子供が悪さをしたので母親が「やめなさい」と注意したら、その子は「大相撲で座布団を投げるのを何度注意されてもやめないじゃないか」と反論していたのに驚いた。

座布団はやわらかく人に当たってもけがはない。これをいくら「やめてください」と放送してもだめだ。効果がないとわかっているのに放送するのは何かあったときの言い訳のように思われる。これでは子供の大人に対する不信感を増すばかりだ。

こういった放送は中止したほうがよいと思う。どうしても座布団投げをやめさせたいのなら、座布団は敷かないことだ。日本相撲協会ではどう判断されますか。(元警察官)』

小さな愛行

これも一つのアイデアだ。大人がやめよと言ってもやめないから、子供もそのマネをして、いくら注意してもやめない。中なか智慧のある子供だと思うが、この投書者の提案もまた面白い。私はたいてい相撲はテレビで見るくらいだから、座布団投げをしようとは思ったことがない。しかし座布団ぐらい投げる力はある。ただその力を出さないだけなのである。

しかしこの元警察官の言うように、「投げるな」と言っても投げるものなら、座布団を出さなければよい、というのも名案だ。しかし尻が痛くてたまらぬという人は、自分の座布団を持って見物に来ればよいだろう。

　横綱が負けて、座布団を投げたくてたまらぬときは、その私物のフカフカの布団を投げればよいが、それほど気前のよい見物人も少ないに違いない。そしてその投げた座布団は、興行主の方で頂きます――としておくと、どちらの人も満足するに違いない、これが私の〝追加提案〟である。ついでに、野球の試合を思い出したが、平成十四年十月五日の『毎日新聞』には、次のような投書がのっていた。


『　　　　　　　　　　　無職　上辻正七郎　65（大阪府高槻市）

　いつから始まったのか、プロ野球のどの球団が始めたのか知りませんが、今年もまた優勝時のビールかけをやっていました。優勝のうれしさは理解できますが、他に祝う方法だってあると思います。ビールを頭からかけ、背中に注ぎ込む……。見ているだけでも気分が悪くなってきます。

　特に今年はタイミングが悪い。北朝鮮による拉致被害者が8人も亡くなっていると発表され、家族が悲しみと怒りに包まれている時です。少しは、そういう事情を考えてほしいと思います。阪神大震災直後のセンバツは、甲子園で開催されましたが、鳴り物入りの応援は自粛しました。震災の被災者への気遣いでしょう。今年も震災の時と同じことがいえると思います。

物が余っている国、富める国だからといっても、明日のパンにも苦労している人だっていることを忘れないようにしたいものです。』

　このような智慧や愛念は、いくらでもある人びとだが、多くの場合隠されていて、発表しないのである。「めんどうくさい」というのが本音かも知れない。しかしこれでは「無限力」は中なか出て来ないだろう。だからどんな小さな愛行*でもどんどん発表すると、〝表現の喜び〟が出てくる。例えば、平成十四年九月四日の『讀賣新聞』には、こんな投書もあった。

『　　　　中学生　橋本　沙織　15（東京都八王子市）

先日、昼食に「オムライス」を作った。料理を終えると、テーブルに座っていた母から「汗すごいよ」と言われた。私は「それだけがんばった証拠だよ」と言い返そうとして、ふと以前にあった母とのやりとりを思い出した。

　さほど暑くなかった日、母は家事をしながら大量の汗をかいていた。私は母に向かって「汗かくほど暑くないじゃん」と笑ってしまった。その時、母はなにも言い返さなかった。

　私が家事で汗をかくのはときたまのことだけど、母は毎日、家事で汗をかき、家族のためにがんばってくれている。私は、親のありがたさをその時、初めて考えた。私の両親は休日によく昼寝をする。私は毎日働いてくれる分、休日くらいはゆっくりさせてあげなければと思うようになった。

家の手伝いをする時も、「してあげる」から「小さな親孝行」の気持ちに変わった。私には私のために働いてくれ、私のために怒ってくれる両親がいる。私はいつまでもそんな「ありがたさ」を忘れないようにしたい。』

この中学生もすばらしい。親孝行の心というのも、こうした小さな愛行や感謝行から始めると、次々に無限の広がりを見せてくれて、その愛が深まり、さらに国家愛や人類愛、そして又神の愛、仏の慈悲にまで拡大するのである。

右手の不自由

ところで平成十四年十一月三日には、総本山で行われた全国青年練成会*で、原田和《かず》枝《え》さんという十五歳の女の子（鹿児島市魚見町《うおみちよう》に在住）が、次のような体験を話して下さった。彼女が言うには、「私は神の右手を持った、すばらしい神の子です」と。

右手だけが「神の右手」というのは少し変だな、と思って聞いていると、生まれた時助産婦さんが彼女を引き出すとき、右手を持って思い切り引っ張ったので、〝右上肢機能全廃〟となり、左手と右手の大きさが違い、肘《ひじ》の長さも異なり、右手を自分の思う通りに動かすことができなくなったというのである。

そこで学校に入っても、飛び箱や鉄棒やマット運動がほとんどできなくなった。もし事故で手を折ったらもう治らないといわれる難病で、手術も出来ない状態だったから、大変気の毒な人と言うほかはない。友達が楽しそうに体育をしているのを見ると、うらやましく思いながら、その姿を眺めていた。

友達も彼女の右手を〝病気〟だと思って、彼女から離れて行ってしまった。中学校に上がると、次第に人見知りが激しくなり、あまり友達も出来ず、淋しい思いをしていた。教室ではいつも独《ひと》りぼっちで、悪口を言われたり、からかわれたりした。

父や母は、「リハビリしたら必ず治るよ」と言われるが、和枝さんはそのコトバを信じられず、いつも左手ばっかりを使っていたから、右手は一向に成長しないままだった。人間の肉体はどこでも、頭でも手足でも、使うことによって生長する。健康な人ですら、長い間寝たままで暮らすと、歩くことが難しくなるようなものである。

そんな経過をたどって和枝さんは人を憎み出した。いつも憎しみと悲しみで一杯の毎日だったのである。ところがそのころ、母親の節子さんが、

「あなたは人間面で、もっと成長しなさい」

といってすすめて下さったのが生長の家で、彼女はついに練成会に参加した。

当時の和枝さんは、あまり人と接していなかったので、人のやさしさや心の温かさが分からず、練成会でも緊張してばかりだった。けれども初対面の人でも「ありがとうございます」と拝み合ったり、自分の体験などを沢山話してくれたりするので、とても嬉しくなった。

こうして和枝さんは「神想観」の実修に一番集中することができたというのだ。これは大変すばらしい。何故なら人間の実相が「神の子である」「神のみ実在する」ということを、心の眼で観《み》るのが神想観だからである。つまり「無限力」の世界こそが真実の世界だと、アリアリと観ずる〝瞑想法〟だからである。

神の子の無限力

こうして彼女は心を落ち着け、今まで憎んできた人たちの幸せを一心に祈った。家に帰ってからも『奇蹟の手帳』*に、自分をいじめてきた人や、ゆるせない人達の美点を書き、毎日大きな声でそのコトバを唱えたのである。

すると今までいじめた人や、それを見て見ぬふりをしてきた人たちが、次第に和枝さんに声をかけてくれるようになった。つまりこうしてコトバで唱えることや、心で観る世界が、現実にあらわれてくるのである。

こうなると彼女はうれしくてたまらず、その人たちに唯ただ感謝するばかりになった。そして今では学校生活がすごく楽しくなり、何か悪口を言われても、その人の善い所を心で観て、その人たちの実相を拝むようなことが、彼女の習慣となってきたのである。

現在彼女の右手はまだ少し小さいが、それでもこれを「神の右手」だと思って、それを誇りにさえ思うと言うのである。もちろん、右手も左手も、頭も身体も、全てが「神の子・人間」の表現体であるから、すばらしい力を内在させている。それを「実在」すると認め、その力を表現しようと努めるために、〝この人生はあるのだ〟と言えるのである。

それは丁度役者が、その持っている力を舞台の上で表現しようとするのと同じだ。そこに役者としての表現の悦びがあり、画家がカンバスの上にその力を表現しようとするのが、画家としての悦びであり、楽しみであり、生き甲斐であるようなものだ。

こうして全ての人びとは、「神の子・人間」として持っている「無限力」をいろいろの人生舞台の上に現しつつ、この人生を楽しみ続けるのである。もちろん誰でも、その「無限力」を完全に現しつくした人はいない。どこまでも「まだその先がある」というのが現象世界だからである。

それ故、人は一回限りの「肉体生活」を送るのではない。よく人は「たった一度の人生」などというが、それではたった一度でどのくらい「無限力」が出てくるか。いくら力一杯生き抜いたとしても、まだ無限力が出つくしていないことは、〝肉体〟という〝有限なもの〟を見れば分かるであろう。

和枝さんは右手が不自由だったが、誰でも多少はどこか不自由な所がある。右手が自由に使えるといっても、何でもつかめるのか、どんな物でも持ち上げられるか――というと、そんな右手はどこにもない。全力で走ったといっても、馬より速くは走れない。いくら健康体だと威張っていても、やがて齢をとると、その体力は衰えてくる。百二十歳ぐらいになると、もう動かなくなってしまう。

そんな人の状態を「死んだ」と言うが、それは今の肉体生活が終ったというだけのことで、その肉体を使う主人公の「魂」は不滅なのである。だからこそ「無限力」だ。この永遠に死ぬことのない「真実の人間」を自覚することによって、肉体の死後にも、次の人世（次生《じしょう》）があり、さらに後生《ごしょう》がいくらでも無限に続くことが分かるし、それでこそ人生の意義が判然として、無限の悦びを味わうことができるのである。

＊愛行＝人々に対する愛の行ない全てを言う。
＊生長の家全国青年練成会＝生長の家総裁・谷口清超先生ご指導のもと、総本山で青年を対象として開かれる練成会。
＊『奇蹟の手帳』＝『祈りを成就し堅信を築くための奇蹟の手帳』。心の善き想いを実現するための祈りの記録帳。谷口雅春監修・生長の家本部編集。（日本教文社刊）

3 コトバの創造力

人生のレストラン

かつて谷口雅春先生＊は、講習会＊で、度々《たび》「この世はレストランのようなものである」と話された。何か食べたい時、レストランで「コーヒー」と言えばコーヒーが出てくるし、「カレーライス」と言えばカレーライスが出てくる。言葉の通りのものが出るのは、誰でも知っている通りだ。人生もまたその通りで、言葉がその通りの人生を作るのであって、その逆ではない。

だから、幸福になりたい人は、何時《いつ》も、

「幸福だ、有り難い、楽しい、嬉しい……」

というような〝人生を称《たた》える言葉〟を使っていればよいのに、どうしたことか、とかく多くの人々は、

「ああ面白くない、嫌だなぁ、つまらない、クタバッテシマエ……」などと、嫌な言葉を使う。すると、言葉の通りの「嫌なこと」や「面白くないこと」が出て来て、

「お待ちどうさま、お呼びですか、やって参りました」

と、何処《どこ》かの国の首相のように、モミ手や握手までして、抱き着いてくれるのである。勿論《もちろん》、一回や二回の〝呼び出し〟で出て来るとは限らない。しかしいつも使いつけていると、必ず「出て来る」のだ。

そうでないと困るだろう。例えばあなたがレストランで腰を下ろして、

「ああ、くたびれた」

と言ったら、すぐ〝くたびれた〟さんが、スーッと出てきて、「私がもっとくたびれさせて上げましょう」となると、困ってしまう。その反対に、

「嬉しい、○○大学に入れた」

と叫んだ途端に全員が入学したりすると、○○大学はすぐ超満員になって、身動きもできなくなるだろう。さらに、

「有り難い！　○○さんが僕の嫁さんになった！」

とわめくと、途端に○○さんが押しかけて来て、その○○さんが未だ中学一年生

だったりすると、父母があわてふためく。そこで、頭に来た父母が、

「すぐ実家に帰れ！」

と命令すると、すぐ飛んで帰る。それをあなたが又呼び戻す……こんなことをしていたら、この世はたちまち、めちゃくちゃになる。だから「言葉だけ」ではなく、中身が整っていて、そうなれる「実力がある」とか「資格がある」というようなことも必要だ。

実力をつけること

だからあなたも、「○○大学に入れた」と言ったり、そう祈るだけではなく、ちゃんとそれだけの「実力」を付けることが大切だ。「祈る」というのも、「命《いのち》で宣《の》る」ことだから、言葉で強く宣言する事であり、それと共に、さらに「行動して実力をつける」ことがなくてはならない。

最近もあるホテルへ泊まったとき、夕食を食べにホテルの食堂へ行った。テーブルの椅子に腰掛けると、ウエイトレスが注文を取りに来た。しかしメニューがないから、注文できない。そこで連れの人がメニューを頼んだ。もちろん〝メニューを食べる〟つもりではない。すると彼女はメニューをもって来たが、そこには飲み物やケー

キみたいなものしか書いてない。

だが吾々は食事をしたいので、

「夕食のメニューはないのか」

と聞いた。すると彼女は黙って、別のメニューをもって来た。これも「言葉で注文すると、それが出てくる」という実例だ。しかしまだ本当の目的には達していない。そこで皆でメニューを見て、それぞれ好きな食事を注文した。しかしすぐには出て来ない。三十分ぐらいも待ったと思うが、やがて別の人が来て、

「あいにく、これとこれとこれは、出来ないのです」

と断るのだ。じゃあ何が出来るのか、と聞いて、出来るものを注文した。出来ないのなら、もっと早く言ってくれたら、とかなんとか言っても、もう仕方がない。時間は一日過ぎ去ると、いくら言葉で注文しても、誰ももってきてくれない。第一メニューに書いてないし、書いてあっても、それをこしらえるところの「実力」がないと、駄目なのだ。

さて今度こそもうすぐ夕食にありつけるだろうと思っているが、中々出て来ない。何でもコックさんが一人しかいないから、出来ないのだという話だ。それでもやっと出てきたので助かったが、注文してから一時間半くらいはかかってしまった。それで

もまだ外国のレストランではもっと時間がかかることもあるというから、まだましだろう。感謝しなくてはならないことを教えられた。

　と同時に、コトバだけでなく、「中身を充実させる事」が如何《いか》に大切かということも教えられたのである。そして「待つ」ということも必要だし、何でも「すぐに出て来る」と思い上がってはならない。しかしこれらのことは断じて「コトバの創造力」を否定するものではない。だからなるべく「明るい、積極的な、よい言葉を使う」ことを平素から訓練しておくことが大切なのである。

差別されたので

　さらに又こんな実例もある。横浜市旭区に住んでいるM君（昭和五十年四月生まれ）は、平成三年の高校一年の一学期のとき、学校でいじめにあった。このいじめというのは、相手から讃《ほ》められたり、感謝されるのではない。その反対に、くさされたり、悪口を言われたり、無視されたりする。やさしく言葉をかけるところを、無視されるのは、「おまえなんか居なくていいよ」と言われるようなもので、言わば「言葉で消される」のだから、いたたまらない。

　そんなことからM君は学校が大嫌いになった。それからすぐ夏休みに入ったが、その間はダラダラと暮らした。すると夜と昼とが逆転し、夜は眠れない。その上妹が嫌いでたまらないのだ。異性への潔癖症もあろうが、もともと父母から妹の方が可愛がられたという僻《ひが》みがあった。妹が叱られて当然のところを、自分の方が叱られる。これがたまらないのだ。

つまりコトバで「お前は悪い」といわれる訳だから、それが積もり積もると、遂に「悪い兄貴」が作られるのである。こうしてM君は次第に父母を困らせるようなことをやり出した。夏休みが終わっても、学校へ行かなくなった。誰が何と言っても行かない。というのも、夏休みが終わる前に、学校のキャンプがあった。そこへ行った時、彼はコッピドクいじめられたからである。全然学校嫌いになり、二学期からは行かなくなった。そのうちダラダラしているから、妹を毛嫌いして虐待《ぎやくたい》し、それが家庭内暴力に発展した。ちょっと触《さわ》られても、嫌だった。

荒れ狂った

M君は長男だったが、妹は長女で、二人兄妹だ。当然仲良くしたいのが本心だが、そうならなかったのは、彼が「讃《ほ》めコトバ」をもらわず、その反対だったからである。その差別を父母にも言って、乱暴をした。彼の家は本家で、かなり厳しかった。

その厳しさを、彼だけが受けたように思い、胸が収まらなかった。食堂の壁をぶち抜いて暴れたりした。自分の部屋にも、しきりに唾《つば》を吐いた。こんな行為も「悪態《あくたい》をつく」のと同じだ。行為や表情も、コトバだと言えるのである。

箱入りのティッシュペーパーをバラバラにし、そこら辺りにバラ撒《ま》いた。それを父母が拾うのが、せめてもの慰めだった。妹の歩いた階段は上らないぞ、と言うので階段を区切ったりした。とうとう「ノイローゼ」と見なされ、精神科に連れられて、薬を飲んだ。自分で分かってやっているから、自分では〝狂ってはいない〟と思っていても、苦しさから抜け出したいから、薬も飲んだのである。

そしてついに大学病院に入院したいと言い出した。妹の顔をみたくないからだ。しかしベッドが空いてないから、すぐには入院できない。父母は大いに悩まれたに違いないが、ついに彼を河口湖の練成道場*に連れてくる計画を立てた。「もう最後だ、これしか道はない」と思ったのであろう。そこで精神科の治療の帰りに、彼を車で河口湖の道場に連れて来た。

「三千円で泊まれるところがあるから、行こう。三食つきで、旅館のようだよ」

と言うので、そのまま彼もついて来たのだった。

さて道場へ来てからのM君は、二日間ぐらいはずっと部屋で寝てばかりいた。講話も聞かないし、食事も外に買いに行った。「こんな所の飯は食わん」という、拒否反応だ。そして二日目に、「もう帰る」と言い出した。父母にはピンチだ。三日目に、流産児の供養祭があった。すると不思議なことが起こったのである。

これまでの経過を見ても、コトバの力がどんなに大きく働いているかが分かるだろう。最後は「河口湖へ行こう」という父母の言葉で、ここまでやって来た。「三食つきで、旅館のようだ」というのも、まんざら嘘《うそ》ではない。そしていよいよ三日目に、道場の屋内放送が、

「これから流産児供養を始めます」

と告げた時、M君は急にむくっと起き上がり、いきなり廊下を走って、供養祭の現場に駆けつけた。そして言われるままに、聖経を一所懸命に読んだのである。聖経というのは生長の家の教えが書かれているお経であり、「人間は神の子で、死なない命だ。完全円満だ」ということが美しいリズミカルな言葉で書かれている。それを一心に読んだ時、M君の心がクラッと変わった。

これは「真理の言葉」がどんなに力強いかを表している。それからはもう「家に帰ろう」とは言わなくなった。この変化を見て父母は、抱き合って泣いたのであった。M君の父母には一人の流産児があり、祖父母にもあったそうだ。人はたとえ死んでい

るようでも、本当の命は生き通しの〝神の子〟である。それを知らされることは、どんなに嬉しいことか、他に比べようもないくらいなのだ。その真理のコトバが供養されると、すべての人がその本心に立ち返るから、「当たり前」の人間になるのである。読む人たちもそうだ。

聖経を読む

こうして立ち上がったM君は、飛田給の練成道場*に行ったり、また河口湖道場に来たりして、研修生にもなり、さらに多くの「真理の言葉」を勉強した。研修生生活は平成四年の一月二十三日でやめ、それからは家に帰ったが、今は留年していた学校も復学し、とても元気で、皆と仲良く、楽しく、勉強したり、遊んだりして、妹さんとも調和して暮らしているということであった。

この実例でも分かるように、言葉はどんな言葉にも〝創造力〟があるが、偽物《にせもの》のコトバで偽物の世界を作り出してはいけない。偽物の世界とは、神様がお造りになった「完全円満な世界」ではなく、不調和な、差別的な、嫌な世界である。だから「あいつはバカだ」とか、「弱虫だ」とか言って、悪口を言うのではなく、相手の美点を見て、それを讃めるとか、感心するとかするのがよいのである。

を味わうのがよいのである。そしてそこには、こう書かれている。

「そんなバカクサイことは出来ない」
と言う人がいたら、美しい景色を讃めてもいいし、猫を可愛がってもいい。が何よりも、神と神の国の素晴らしさを称えている『甘露の法雨』*をよく読んで、その中身

『(前略)
この全能なる神、
完全なる神の
「心」動き出でてコトバとなれば
一切の現象展開して万物成る。
万物はこれ神の心、
万物はこれ神のコトバ、
すべてはこれ霊、
すべてはこれ心、
物質にて成るもの一つもなし。
物質はただ心の影、
影を見て実在と見るものはこれ迷《まよい》。

汝ら心して迷に捉《とら》わるること勿《なか》れ。（中略）』

つまりこの物質世界は〝影の世界〟だということだ。いくら不完全に見えていても、本当ではないのである。だから偽物に引っ掛かってはならない。さらに又、

『わが言葉を読むものは
実在の実相《ほんとのすがた》を知るが故に
一切の罪消滅す。
わが言葉を読むものは
生命の実相《ほんとのすがた》を知るが故に
一切《いっさい》の病消滅し、
死を越えて永遠に生きん。（後略）』

こうした聖経の読誦がどんなに偉大な創造力を持つかが分かるであろう。毎日、楽しく、元気に、聖経を読誦しようではないか。

＊谷口雅春先生＝生長の家創始者。昭和六十年、満九十一歳で昇天。主著に『生命の實相』（頭注版・全四十巻）聖経『甘露の法雨』等（いずれも日本教文社刊）がある。

＊講習会＝生長の家の総裁、副総裁が直接指導する「生長の家講習会」のこと。現在は、谷口雅宣生長の家副総裁、谷口純子生長の家白鳩会副総裁が直接指導に当たっている。
＊河口湖の練成道場＝山梨県南都留郡富士河口湖町船津五〇八八にある、生長の家富士河口湖練成道場。毎月各種の練成会が開かれている。
＊飛田給の練成道場＝東京都調布市飛田給二―三―一にある、生長の家本部練成道場。毎月各種の練成会が開かれている。
＊『甘露の法雨』＝宇宙の真理が分かりやすい言葉で書かれている、生長の家のお経。詳しくは、谷口清超著「『甘露の法雨』をよもう」参照。（日本教文社刊）

Ⅱ　学ぶことは楽しい

1 勉強は楽しいよ

人生学校

「勉強」というと、人々は学校で習うことと思うかも知れないが、そればかりではない。勉という字は「つとめる」とも読むし、名前にすると「つとむ」と言うが、〝つとめはげむ〟ことである。「免」というへんは、もともと女の人が子供を生むときの形を象形文字にしたもので、それに「力」が加わったのが「勉」の文字だ。だから一応「学校とはかぎらない」といってよいだろう。

それどころか、本当はこの世の中に生まれてくることが、親と子にとっての「勉強」の始まりだ。それ故《ゆえ》、この人生を「人生学校」とも言うし、生まれた以上は「つとめはげむ」ことがとても大切だ。そして子供が生まれると、親も子も大いに喜ぶのである。

ところが勉強を「苦しいもの」とばかり思っていると、この世がいやになるだろう。学校生活もいやになって、なまけたりする。試験もうまく行かず、ますますいやになる。ついに学校へ行かなくなって、決して楽しくはない。かえって学校に行き、当り前に勉強する方が（そうできることが）楽しいと分かるのである。

ところで多くの人は、誕生というのは、一回かぎりだと思ったり、死ぬのも一回限りだと信じている。しかし前にも述べたように一回限りではないのである。「この世」というある時間と空間だけを考えると、一回と思うかも分からないが、「生れ変り」というのがあって、別の世の中に又生まれてくる。そこで死んでも、またさらに別の世（次生《じしょう》とかその後は後生《ごしょう》という）に生まれてくるのである。

それは丁度、中学校を卒業すると、次に高校に入り、そこを卒業すると、さらに大学や専門学校に入るようなものだ。人によるとすぐ就職するかも知れないが、それも「人生大学」の一つのコースであって、又いろいろと新しいことを学び、たのしい体験をするのである。

その中では楽しいことばかりではなく、苦しいこともある。しかし苦しみは、実はそこで力を出してガンバレヨということであり、そこで十分力を出すと、楽しくなる。丁度お産をする人が、力を出してお産をすませると、「子供が生まれた！」といって楽になり、グンと喜びがふえてくるようなものである。

努力すること

こうして人々は勉強しながら、どんどん力をつけて行く。そして今まで内にかくされていた力が次第により沢山出てくるのである。どれだけ出てくるか――は勉強次第であり、練習や努力のたまものだ。そしてついに「無限力」が出てくるのだが、これは今の肉体人生のことではなく、本当の世界、「神の国」の話である。われわれは皆神さまの造られた「神の子・人間」だ。それ故神様の完全さや無限力を、みな持っている。それをいろいろな「人生」で現し出して楽しむのが、本当の人間の生き方である。

従って神様が苦しみや悩みを与え給《たま》うのではない。そんな無慈悲な、ザンコクな神様がおられるはずはないだろう。神様はすでに無限力と無限の喜びとを与えて下さっている。それをわれわれが心で認めて、現し出す努力（練習）をすれば、いくらでも出てくるのである。

しかしひとりでに出てくるのではない。自分で認めて、出す努力をすれば出てくる。心でふたをして「出ない」とか「もう力はない、カラッポだ」と思っていると、出てこない。それが現実の生活（現象界）の仕組みである。しかし怠《なま》けていたり、遊んでばかりいると、力は出ない。どんなに歌が上手《じょうず》な人でも、「出すまい」と思っているのに、ひとりでに歌が出てくると困るだろう。ピアノを弾《ひ》いても、ここは弱く弾こうとしても、ひとりでに力が出て強く弾いてしまっては、まともな音楽にならない。だから出そうと思うだけの力が出るのがよいし、もう歌うまいと思ったら、歌が出てこない。何でも休止の時があるから、美しくてたのしいのである。

平成十一年の十一月七日に、NHKテレビの教育番組で、梯剛之《かけはしたけし》さん（当時二十二歳）のピアノ演奏を視聴《しちょう》して、大変すばらしいと思った。梯さんは盲目であるのに、その困難を克服してすばらしい演奏家になった人だ。平成十一年十月二十四日の『毎日新聞』には、こう書かれていた。

『全盲のピアニスト、梯剛之《かけはしたけし》さん（22）が小児がんによって目を侵されたのは生後わずか1ヵ月目だった。

検査、治療の日々におびえて泣き叫ぶ。ソプラノ歌手の母侑子さんやビオラ奏者の父孝則さんが、歌やピアノの音楽を聴かせると、耳を傾け、泣きやんだ。剛之さんの指をピアノの鍵盤《けんばん》に持っていって音を出させると喜ぶ。ピアノが一番のおもちゃになり、そして心を深くとらえた。

小学校6年までピアノを剛之さんに教えたピアニスト、阿部美果子さんは「指に目がついている」と思ったという。「剛之君は即興演奏が好きで、心の中のイメージをそのまま音に表した」

この道に進ませようと、両親は音楽系の中学校に入学させようとしたが、「前例がない」と断られた。思い悩んだ末、受け入れてくれるオーストリアのウィーン国立音大準備科に留学させる決心をした。

侑子さんが剛之さんと共にウィーンに移った。家族別居になるが、父も兄も姉も皆が剛之さんを支える気持ちだった。（中略）』

演奏会

神様のおつくりになった本当の世界、「実在界」「実相世界」は完全円満で、病気もなく、死もなく、無限力のすばらしい世界である。しかし現実のこの世（三次元世界など）は、その「実在界」の影を見たり聞いたりして感覚している世界だから、どうしても不完全だ。しかしその奥に「完全円満」がかくれているから、何とかして健康になり、無限力を出し、楽しもうとするのである。こうして梯さん親子にも外国での音楽の勉強が始まったのである。

『ウィーンでついたバイスハール先生と剛之さんは、初め意思の疎通《そつう》がなかなかできなかった。それまでの奏法を全く変えられたのもショックだった。ストレスも響いたのか、留学してすぐ、眼球に再びしゅようができた。13歳で一時帰国し手術。その1年近くが「最も苦しかった」と剛之さんは振り返る。

病院でバッハ、モーツァルトのCDを繰り返し聴き、コルトーが弾くショパンに衝撃を受ける。ウィーンに戻り、バイスハール先生の手に自分の手を重ね、「石にかじりついても」という気持ちを伝えた。実技のほかに音楽や語学の授業も侑子さんが隣に座り、テープに録音し翻訳《ほんやく》した。

侑子さんは内心「この壁は越えられないのでは、他の道を見つけた方がよいのでは」と何度も迷った。だが、剛之さんが弱音《よわね》を吐《は》くと「今日だめでも明日がある」と力づけた。侑子さんが落ち込むと剛之さんが「お母さん、そんなに突き詰めて考えたら長続きしないよ」と慰《なぐさ》めるのだった。

剛之さんは言う。「ピアノの響きは空気を動かし、循環《じゅんかん》させる。生きていることは循環しているということ。命と音の響きは僕には切り離せないものです」(後略)』

こうして梯さんは一九九八年(平成十年)にフランスで行われたロン・ティボー国際音楽コンクールに出場し、二位に入賞した。全盲の人でこの国際大会で入賞したのは、初めてのことだったそうだ。平成十一年の十一月一日にはチャリティー・コンサートでショパンの曲をたっぷりと聞かせてくれたが、この会には皇后さまと紀宮《のりのみや》さまがご臨席になられた。

九月のN響の定期コンサートではラベルのピアノ協奏曲ト長調を弾いたが、指揮者のエマニュエル・クリヴィヌさんもN響の各メンバーも、梯さんと一つ心にとけこんで、まことに見事な演奏会だった。これは肉体的に不利な条件を、練習という勉強を通じて克服し、楽しく美しい表現をされた実例で、ノラクラと遊び回っていて味わえるような醍醐味《だいごみ》ではない。お父さんの孝則さんも、N響のビオラ奏者としてこの演奏会に参加しておられたのである。

やれば出来るよ

ところがこのような厳しい勉強の実例をあげると、「とてもこんなマネは出来ない」という人もいるかも知れない。それは練習や訓練をしないからそう思えるだけであって、やればできるし、やらねば出来ないのが、現象界のオキテである。それはどんな事についてでも言える。

「できないのではない、やらないだけだ」

という原則があり、やらない以上はそれだけ「楽しみ」は少なくなる。口を開いて食べなければ、やがて腹がすいてきて、何か食べたいと思い出す。そして食べると「おいしい」と感じて、うれしくなり、満足するようなものだ。よく「神想観」をやりなさい――といっても、

「時間がないからできない」

などというが、十分でも十五分でもやる気になれば、いくらでも出来る。正座ができなくても、椅子《いす》に腰かけてでもできる。十分か二十分朝の目覚しの時間を早めれば、必ず時間が浮くのだ。夜ねる前に十分でもやれば、やれるのではないか。

しかもいやいややるのではなく、楽しんでやるのが上達の秘訣《ひけつ》だ。やさしいことからやりだすと、すぐ出来るようになるが、難しいことからやろうとすると、中々できない。これはどんな勉強でも練習でも同じことだ。その上最初はいやいやでも、とにかくやっているうちに面白くなることが、いくらでもある。

例えば平成十一年の十一月四日の『産経新聞』に、荒木幸江さん（十七歳・羽生市の高校生）の次のような投書がのっていた。

『九月三十日付本欄「母と特訓の成果　分数で百点満点」という投書に私も共感しました。

私が小学三年生のときのこと。毎日放課後には、漢字のテスト。そのとき、漢字が

苦手《にがて》だった私は、いつもできるのは十問中二、三問程度…。先生にも、両親にも怒られ、とても憂うつな日々を過ごしたのを今でもよく覚えています。

そんなとき、先生に「毎日の自主学習で漢字を練習してみるのはどうか」と勧められました。あまり乗り気でなかった私は嫌々ながら、毎日一ページずつ、自主学習ノートに漢字の練習をしました。

ところが一ヵ月くらいしてから、あの嫌いだった漢字のテストで、不思議と毎回百点をとれるようになっていったのです。私は、うれしくてうれしくて毎日毎日、漢字の練習を自分の意志でやるようになったのです。

そんな私も今年で高校二年生。私の学校で毎年恒例の漢字読み書きコンクールでは、念願の一位をとることができました。ちなみに、去年は、十一位という屈辱《くつじょく》を味わいました。

私は先生に感謝しています。「継続は力なり」という言葉がありますが、根気強くやり続ければ、何でもできるのではないか、と私は身に染《し》みて感じています。』

漢字でも数学でも、きらいな人は沢山いるだろう。けれども実は面白いものだ。その面白くてたのしいことは、やってみないと分からない。しかもこの高校生のいうように、「続けてやる」ことが必要である。

私はどういうものか数学が好きだった。一つの問題を、とにかく解けるまでやってみるのだ。いくら行き詰《づま》ってもいいから、又考え直す。そして何日もかかって一問を解く。解けた時のたのしさは、何とも言えない。中学生のころ、汽車通学をしていたので、その時問題を考えたり、書いてみたりしたものだ。

今私は一見数学と何の関係もないような仕事をしているが、しかし理屈に合っていないと面白くないことが、心の底に染みわたっている。だからいんちき信仰はできないのだ。ごまかすこともいやだ。だから漢字でも難しい漢字なんか将来役に立たないなどと思って、毛嫌いしない方がよい。作文でも、小さいころから、どんどん書いてみると、面白いほど才能が出てくるものである。例えば同月同日の『讀賣新聞』の投書に、こんな文章があった。埼玉県草加市に住む橋本祥子さんという七歳の小学生のたのしい作品だが——

『そうかこうえんにいって、どんぐりやおちばをさがしたよ。どんぐりをさがしていると、まるっこいクヌギをみつけたよ。おちばも、きれいなもみじもみつけたよ。山のぼりもしたよ。

あきのものをたくさんみつけたよ。しぜんとなかよくなれたよ。あきって、いろんなものがあるんだね。しょくよくのあき、スポーツのあき。みんなはどれがすき？

わたしは、しぜんのあきが一ばんすき。だって、きれいなおちばや、かわいいどんぐりがあるからだよ。

あきをさがすのは、たのしいね。でも、うちのおかあさんはくいしんぼうだから、しょくよくのあきがすきなんだってね。

人それぞれちがうあき。スポーツがすきな人、どくしょがすきな人。そこが、あきのいいところ。

みんなもあきをさがしてごらん。きっとみつかるよ。』

さあ皆さんもあきないで、「勉強のたのしさ」をみつけようではないか。

2 勉強は大切かな

沢山の大切なこと

前にのべたように、「勉強」というと、学校でやるアレのことと思うかもしれない。授業中に教わることや、時々テストされるアレである。たしかにアレも「勉強」であって、とても大切な学習や訓練だ。もし大切でなく、どうでもよいことなら、多くの先生方は「どうでもよいことをしている人」になり、政府は多くの税金を「ムダ遣《づか》い」していることになるだろう。

しかも日本だけではなく、世界中の先進国には無数の小中学校があり、さらに高校や大学がある。ここで学んだり、研究したりすることが大切でないわけはない。今までもそれによって多くの発明や発見がなされて来たのである。

しかし本当の「勉強」は、それだけではない。学校での勉強も大切だが、それ以外にも色々な勉強があり、その訓練をしたり、練習したりする大切な仕事は一杯あるのだ。

〝大切なことが沢山《たくさん》ある〟ということは、この人生がとてもスバラシイ証拠である。大切なことなんか一つもない――という人生はバカバカしい。人間でも、父母も大切だし、兄弟姉妹も、友人もみな大切だ。その外《ほか》色々大切な人や物が一杯ある。あなたの肉体も、家も、そして学校も、レッスン場も、グラウンドも、プールも、河も海も山も大切だ。どれ一つ欠けてもつまらないだろう。

さらに又物や人がいるだけではなく、それとあなたとの関係が大切なのだ。つまりあなたがそれら「大切なもの」とどう関《かかわ》るかということだ。「勉強する」とは、それらの全てを学ぶことであり、学校の一定の授業だけのことではなく、学校の成績やテストだけ、ということではないのである。

さて平成十年の『中央公論』八月号に、慶応大学助教授の鈴木透《とおる》さんが、こんな話を書いておられた。ある日〝留年《りゅうねん》〟したA君と保護者の母親が鈴木先生のところに相談に来た。A君はアトピー性皮膚炎で大いに悩まされ、友人も出来ず、勉強にも集中できず、結局〝留年〟してしまったという話であった。

長い間の訓練

〝留年〟というと、同じ学年を二回も三回も繰り返すことで、小学生や中学生にはわり合少ないが、大学生となるとふえてくる。そこで鈴木先生はA君と母親に向かってこう言った。

「留年なんて別に恥《はじ》でも何でもないんだよ」

そして大学は自分のペースで勉強すればよい。四年間という数字にさして根拠があるわけではない。留年したら、普通の人より余分に大学で学べると思えば、留年も捨てたものではないなど話した。

『(前略)人間誰しも将来いろいろな困難に直面するだろうが、そうしたときに自分を支えてくれるのは、過去に自分はこれだけのことをなし遂《と》げたという自信なんだ。ここで君が立ち直ることができたら、それは君にとって大きな自信となり、財産になるはずだ。その意味では、君の体験したことは決して無駄ではないし、長い人生の一年なんていくらでも取り返しがつく。他の学生が四年間では吸収できなかったことを手にして卒業すれば、むしろお釣りがくるくらいじゃないか――。こう話すと、親子ともども、もやもやしたものが吹っ切れたようで、満面《まんめん》に笑みを浮かべて帰っていった。(後略)』

その外B君という山登りの好きな青年が、ある放送局で山岳カメラマンになることができたといってお礼に来てくれた話なども書いてあった。このように、「人生」という「大きな学校」では、色々と勉強し、訓練すればするほど、たのしく能力を伸ばすことができるようになるものである。

しかもその「勉強」は、三年とか六年とかと限られたものではない。一生涯が勉強の期間だが、一生とばかり限ったものでもない。人間には次の生れ変りもあるし、その後もある。これは死んでみないと判らないというかも知れないが、人間のいのちそのものは死なないからである。そうでないと、勉強したって値打ちがないではないか。

「あなたは将来、何になりたくて勉強してますか?」

「ハイ、灰になるためですが……」

では全く無意味だろう。しかも父母や祖父母のある人たちは、長い間かかってそれらの方々からも色々とよい事を教えてもらっている。だからよい習慣や訓練が続くのである。

例えば「江戸っ子」という言葉があるのを知っているだろう。「江戸っ子」と言うには、祖父母、父母がみな江戸育ちでないと「江戸っ子」とは言えない。自分が今一人江戸（東京）に住んでいるだけではダメという話だが、この点について、平成十年八月四日の『産経新聞』には、大野敏朗さんがこんな記事を書いておられた。

『（前略）さて、何で三代暮らさねば江戸っ子になれなかったのであろうか。それは江戸っ子としての立ち居振《いふ》る舞いを身に付けるのに三代はかかると考えられていたからである。その立ち居振る舞いを「江戸しぐさ」と呼ぶ。

江戸しぐさでは立ち居振る舞いを「上品」（じょうぼん）、「中品」（ちゅうぼん）「下品」（げぼん）の三種類に分類した。人間は生まれついては下品なのだが、江戸流の上品を身に付けるには三代はかかるということである。

例えばうまいものが食べたいという心は下品、歌を歌いたいという心は中品、人に親切にしたいという心は上品といった具合である。また、江戸っ子は視覚《しかく》、聴覚《ちようかく》、きゅう覚、味覚《みかく》、触覚《しよつかく》、直感の六感が優れていなくてはいけないとされたが、そのためにも三代は棲《す》まなければならないとされた。相手に親切で、迷惑をかけず、身分、肩書《かたがき》にこだわらず、遊び心をもつことが江戸っ子の条件とされた。

江戸っ子に限ったことではなく、社会人としての常識のようなものだろう。たんかを切って、威張《いば》り散らし、人に迷惑をかけるような者は江戸っ子とはみなされなかったのである。江戸っ子をやっていくのも、なかなか大変なのであった。（後略）』

返事とアイサツ

「江戸っ子」というと、すぐケンカするとか、田舎ものをバカにするとかと思い込んでいたら、大間違いである。立派な紳士・淑女《しゆくじよ》であり、人に迷惑をかけたりしなかったものだ。だから路《みち》ですれちがっても、相手にぶつかるようなことをしない。かえって相手に路をゆずってあげるような心掛けの人であった。

しかし近ごろの東京では、中々路をゆずろうとはせず、横ならびになって大声でふざけ合って通行する青年たちがふえて来た。まことに残念なことだが、彼らは祖父母や父母から「江戸しぐさ」を教えてもらわなかった、つまり〝勉強不足〟の結果である。もちろん東京生まれでない人たちがワンサと歩いている。だからといってエチケットぐらいは学んでいないと、一人前の文明国の人間ではないと言えるだろう。

ことに若い女の子が、通行人の前をスレスレに横切って行くことが多いのはキケンである。こちらの歩行速度を正確に測ってはいないから、ブッカルこともあるし、持ち物が相手に触れてガシャッということがある。それでも知らん顔をしてすぎ去るのは、ひどい〝勉強不足〟である。何を学習していないかというと、「失礼しました」とか「ごめんなさい」という挨拶《あいさつ》を学んでいない。頭では知っていても、口に出したり、身体でそれを表現する訓練をしていないから野暮《やぼ》なのである。

相手がしないから、こっちもしないではなく、相手がどうあろうと、自分はする――というのが大切な人生勉強だ。そうすることによって、相手も自然に勉強することになる。世の中が明るくなり、秩序正しくなるのだ。もちろんそこらあたりで飲食したカスを道ばたに捨てて帰るということもなくなり、村や街の人たちは、みなよろこんで下さるのである。

少なくとも、こちらが何かたのんだ時に、「ハイ」と返事をするか、「ちょっと待って下さい」という返事ぐらいはしないといけない。だまってそのまま行ってしまうと、聞えたか聞えなかったか分からない。昔の軍隊では、復誦《ふくしょう》といって、上官が、

「○○を持って来てくれ」

と言った時は、必ず、

「ハイ、○○を持って参ります」

と答えたものだ。もし聞きちがえて、○○の代りに××でも持って来たら、大変な結果になるかも知れない。カレー・ライスの代りにヒソや青酸ソーダを持って来たら大事件になるだろう。

遅くても大丈夫

全て勉強というものは、やりやすい問題からやって行って、段々と難しい問題に移って行くものだ。しかも勉強には失敗はつきものであり、失敗するたびに学習して行くのである。だから失敗や落第にすぐヒカンしてはいけない。これに耐えるのがこれ又人生勉強である。

人はとかく、自分の願い事がダメになると、すぐ悲観してしまう。そして自分で自分を見限ってしまうから、他人も見限らざるを得ない。自分で自分を好きにならないと、ひともまた好きにはならない。この世の中は、〝自分の心〟が主人公だからである。だから若い時に経験した〝失敗〟にクヨクヨしてはいけない。「一つ勉強した」と思ってもよいし、「百ほど勉強した」と思ってもよい。いや、時によると、失敗からその何百倍も大切なことを学ぶことがある。平成十年八月一日の『毎日新聞』に、森津純子さんというホスピスの女医さんが、こんな話を書いておられた。

Oさんという男性（六十三歳）は、このホスピスに入る以前はスキー学校の校長先生をしていた人だったそうだ。このOさんが、

「スキーはね、習い始めが下手《へた》だった人の方がいい指導員になれるんだよ。どうして

かというと、下手な人は苦労して体の使い方を覚えるでしょう？　その分、体験の中から『重心をここに持ってきて、体をこう使って』というように具体的な指導ができるんだね。特に大人の生徒さんを教える時は、理屈を教えた方が理解しやすいんだよ。

でも、運動神経の抜群な人は、自分が見よう見まねで覚えてしまった分、理屈が教えられない。つい、生徒も自分と同じようにできると思うから、『ほら、こうやればできるのに、なんでできないんだ』と言ってしまう。

それに、上手な人はすぐうまくなるけど、不思議なもので最後にエレガントな動きを身につけるのは、下手な人なんだ。あきらめずに努力を重ねているうちに、体の硬《かた》い人も実に優雅《ゆうが》な動きを身につけられるんだね。

それから、一番大切なのは『がんばって上手になるぞ』という心。それがある人は伸びるんだよ。だから、案外、小学校くらいのころから習っている人より、大人になって始めた人の方がきれいな滑《すべ》りを身につけられることがある。仕事の合間に習いに来る人なんかは、『休暇《きゅうか》を取ってお金をかけてやってるんだから、絶対ものにするぞ』という意気込みが強いから、伸びるね」

と教えてくれたという。このように、若いころ、いくら下手であっても、それは将来ダメ人間だということではない。苦労して練習すると、スキーばかりではなく、どんな勉強でも、必ず上達するし、かえって楽に伸びたような人たちよりも「きれいに滑れる」そして教えることも上手になるということである。

すべての練習や学習は、幼いころからやるのが一番よく、効果的だ。しかし、年をとってからやっても、勉強しただけの効果は出てくる。そこで、森津さんは、フラメンコの練習をしても、自分は運動音痴で、ダメかなと思っていたが、この0さんの話を聞いて、

「よし、ウサギとカメのカメのように、あきらめずに頑張るぞ」

と思い直し、この話を色々な人に話して、多くの人に元気を出してもらったということであった。ウサギとカメが一緒にかけくらべをしたら、ウサギがずっとカメを追いこして、

「ここらでちょっと一眠《ひとねむ》り」

をきめこんでいるうちに、カメはのろのろと、一所懸命駈《か》け続けて、結局ウサギを追い越したという話だ。（きいたことがあるでしょう？）

だから、ちょっとぐらい人よりも遅《おそ》いとか、失敗して遅《おく》れたといって、ダメ人間をきめこむものではない。ことに若い人たちには、この世の人生の時間が、まだタップリ残されている。その間、たえず勉強を続けて行くと、歩みがのろいようでも、結局

大きな進歩をなしとげ、〝人生の勝利者〟となるのである。

3 〃友達〃とは何だろう

モク

私のうちの庭には色々の動物が訪れる。昔はキジが来て、毎日エサをやってだいぶなれたころ、急にいなくなってしまった。サギも来て、池の魚を黙って食べてしまったこともある。カラスは毎日来て、どこから取って来たのか、自前《じまえ》の餌《えさ》を、水の中につけて、〃塩ぬき〃をしてからたべていた。

犬はあまり来ないが、野良猫はいつも何匹か来ていて、平気で庭の中を歩きまわり、納屋の中で子供を産んだりしている。その猫族の中に生まれつき尻尾の短いダンダラ模様の毛並みをしたネコがいて、子供のころから一番目立っていた。家の近くまでやって来て、ぬれ縁の上で眠ったりもした。私達はいつとはなしに彼女のことをモクと呼んでいたが、正式に命名した訳ではない。そのうちメスだから子供をこしらえ、おなかがふくらんで来たが、ある年の春たけなわなころ、急におなかが細くなった。どこかで子供を産んだらしいのである。

するとそれからしばらくして、ある日門の前でモクはうずくまり、動けなくなっていた。急病にかかったのかどうかしらないが、その日の午前中にはもう息を引きとっていた。丁度木曜日だったので、私は彼女のなきがらを庭の奥のシュロの沢山生えている静かな場所に運んで、穴を掘って埋めてやった。家内が八つ手の葉を彼女の身体の下に敷いたので、その上にねせて、上にもう一枚の葉をかぶせ、土をかけ、「モクの墓」と書いた木片を立てた。埋葬の日には『天使の言葉』*を彼女の墓前で読んであげた。

すると何となく淋しくて、夜ねる時、モクが出て来て何かよびかけてくれるような気がした。が、実際は何も出て来なかった。私は一匹の友人を失ってしまった。人間ではなくても、たとえ鳥や猫でも、いつも出あっていたり、居《きょ》を共にしていると、いのちの兄弟のような気がしてくるものである。人間の心は、このような動物にも、そして植物にもつたわり、〝友情〟のようなものが湧く。カエルにも、そして木にも石にも、そのような心はつたわるのである。

つまり人間はだれでも、そのような友情につつまれてくらしている。だから人間同士の友達ができないはずはない。時々、「私には友人がいない」などという人がいるが、それは錯覚だ。鳥でも、魚でも、こちらに愛があると、仲間になってくれる。向うにはその気があっても、こちらにその気がないと、仲間ではなく、関係のないいきもののように振るまうだけである。

教えられる

だから友人でも、時々仲たがいすると、まるで知らない人のように振るまうことがある。しかしそれはそんな恰好《かっこう》をしているだけであるから、気にしないことだ。そしてこちらから積極的に言葉をかけたり、祈ったりしていると、必ず本当の姿があらわれ、いのちの通い合う、仲よしの生活ができるようになる。

そのためには、とにかく自分よりも小さな、虫や動物や、そんな利用できないような小さなものに愛を示すことからはじめるとよい。〝上等な友達〟ばかりを求めて、自分がそれを利用して立派になろうとか、仲間を沢山作って、羽振りよく暮らそうとする下心があると、かえって嫌われるのだ。

それは丁度誰かが政治家や役人に取り入って、そのつてによって仕事をうまくやろうとか、お金をもうけて会社を大きくしようとして、ワイロを贈ったり、ゴルフや宴会にさそったりするようなものである。これでは友人が出来るはずがない。どこか〝踏み台〟になる人を探しているようなものだから、〝踏み台〟賃を出せとせびられたりするのだ。

とにかく人は、その生長の過程で出あう全てのものから、何事かを教えられる。それは相手が、犬でも猫でも、虫でもカラスでも同じである。まして、父母、兄弟、友人から教えられることは、数限りなくある。先生からは面と向っても教えられる。これらの〝教え〟を素直にうける心になると、いくらでも〝友〟が出来、そしてお互いに感謝し合うことが出来るのだ。かつて高校二年になった里香さんという女の子から相談の手紙をもらったことがある。その一節を抜き書きすると、

『私は、私を含め三人の人と仲良くしていました。去年高校に入って間もなく、とっても話も合い、それからずっーと夏のテニスの合宿や、十月の文化祭、十一月の遠足、十二月のクリスマス会、一月の学校行事など、何でも三人ですっごく仲良くやって来ました。もちろん、登下校や休み時間も……本当に文には表せないほど、すばらしい友人に囲まれ、幸せそのものでした。

ところが、突然その友人の一人、Kさんが、先週の金曜日の朝から、私と話してくれなくなってしまいました。でももう一人の友人Sさんとは、仲良く話をするのです。私は突然のでき事で、おどろいてしまいました。でも一日くらいで、きっと気ま

ぐれだろう、と思っていました。でも違いました。

話しかけるのはSちゃんだけ。私はしゃべりかけても、「う、う〜ん」と目線を下に向けてしまいます。でも、Sちゃんとはしゃべります。でもそうなると、私はやっぱり暗くなり、落ち込んで無言になります。そうすると、SちゃんとKちゃん二人でゲラゲラと楽しそうにします。本当につらいです。悲しくて……こんなこと夢にも思っていませんでした。

私は別に何もしていないし……。三人でいっしょにいることはいるけど、しゃべっているのは二人だけ。それが朝は私とKちゃんが同じ方向だから、いっしょに学校へ行っているのだけれど、その間はずっーと今までどうりふつうに笑ってしゃべってるのに、学校へ着くと同時に、「Sちゃーん！」と。私とは一言もしゃべってくれません。それが、約一週間続きました。もうどうすればいいのでしょう。三人でいるのに、私は一人。わかってくれますか？　二人で楽しそうにしゃべっていても、私は隣でポツンとしているんです……』

原因の心

これは悲しいムシ（無視）の一例だが、こんな出来事でも、何かを教えていてくれるのである。幸い里香さんは自分でちゃんとその原因らしいものに気がついたらしく、続いてこんな風に書いている。

『私は自分でもわかっていますが、本当に気まぐれで、お天気やさんです。今までにも自分の気に入らないことがあると、二、三時間くらい、Kちゃんを無視したことが何度かあります。だからKちゃんもすぐにしゃべってくれると思ったのに……。今までで私がやった分が、一気に今、おしかかってきたのでしょうか。Kちゃんの心の中は、「りかちゃんは大っ嫌い」ということがあるのでしょうか。やはり今までやったことが自分にこないと、つらさはわからないのですね……』

このように世の中の全てのものは、自分に大切なことを教えていてくれる。それは友達やその他の人たちばかりでなく、父母や学校の先生は勿論《もちろん》のこと、動物でも植物でも、全てのものが「鏡」のように、こちらの心を写し出して、見せてくれるからである。

例えばあなたが鏡に向って、自分の顔をうつすとしよう。

「何て暗い顔つきだろう。眉の根にシワをよせて！　これをのばしたら、ちょっとはマシになるかしら……」

そう思って伸ばしてみると、少しはマシになる。もっと髪をこうしたらどうだろう、と思ってやってみる。そんなことをして、少しずつ自分の形をととのえるのは、鏡のおかげである。鏡が直接教えてくれるのではないが、鏡を通して、自分自身が、本当の自分自身のすばらしさ（実相という）を引き出そうとする。

だから「鏡」の役をしてくれる人や物やいきもの全ては、みな先生のような役をしてくれる。しかし、それをすぐ「相手のやるマネをすればよい」と思うのは間違いだ。こんなことでは、鏡の中の自分のマネをしているだけで、何の役にも立たないであろう。

このことが分っていないと、あなたは何人友達を持っても、そのマネばかりしていて、あなた自身のすばらしさは一向に出ては来ない。時にはよくないマネをして、友達の言うなりになり、大変な失敗をするということも起るのだ。

よい友達とは

しかしよい友達を持つと、大変教えられることがいくらでもある。向うもこちらを教えてくれるし、こちらも向うの役にたってあげることが出来る。だからよい友達を持つと急に成績がよくなったり、姿勢（スタイル）がよくなったりする例がいくらでもある。

私は中学生のころ汽車通学をしていたことがあるが、そのときA君という友達ができた。彼はいつも途中の駅から同じ列車に乗って岡山駅で降り、同じ中学校に通うのだが、よくできる生徒だった。特に数学が得意で、いつも汽車の中で問題を考えていた。小さな紙切れに数学の問題を書いて、考えていた。すると列車がつくまでに一つか二つ解けるのだ。

そんなA君の姿を見ていると、私もやりたくなって、問題を解くことをやりだした。すると難しい問題では二、三日かかってやっと解けることもある。しかし、解けた時の喜びは、全く天に昇るようだった。そんなことから私も数学が好きになり、「困難な問題」に恐怖するのではなく、かえってそれに挑戦してみようという気持をもつようになった。

さらに旧制の高校に入ってから、寮生活をするようになった。あの当時の高校はバンカラ（きたない恰好）を誇りにしていたので、寮の窓から小便をする風習があり、これを〝寮雨《りょうう》〟といった。私もそのマネをして、月夜の晩に雨をふらせては面白がった。

こんなことをしていると、小便をする時わざわざ便所まで行かなくても手近な窓からシャーっとやれるからとても便利である。しかしその結果、寮の窓ぎわは腰かけることもできないほど小便でよごれた。その上庭はまるで便所のようなものであるから、草も生えないし、散歩もできない。おまけに夏の暑い日など、窓をあけると、日光にてらされた小便の臭いが、暑苦しい風と共に吹きこんで来て、勉強室は大変居心地のわるいものになったのである。

これは〝寮雨〟の害を、〝寮雨〟自身が教えてくれたようなものだ。このように私達の友達も、周囲の全てのものは、こちらのやった通りの「結果」をあらわしてくれ、やったことが善いか悪いかを教えてくれるのである。それはすぐ教えてくれるのではなく、だいぶ長い時間がたって教えてくれる。その当座は気持よかったり、なまけ心をクスグッテくれるけれども、それをよいことにして変なことをやっていると、必ずいつかは「変な結果」が表れて来て、かえって自分が傷ついたり、不快になったり、せっかくの場所や家庭が「居心地の悪いもの」になるのである。

こんなことはどの人の生活にも必ずあらわれて来る。その中で友達は、とても大切な役目を果たしてくれる。しかし中には「友達がいない」といってなげいたりする人もいるが、友達がいないのではない。友達であるのに「友達でない」と思っているだけだ。

はじめに言ったように、猫でも鳥でも、犬でも木でも、みな友達である。いつも夏になると池にカエルが生れて、夕ぐれには門から玄関までの段々道に出てウロついて

いる。私が外出からかえると、カエルたちをふんづけそうになる。すると脚にとびついたりする。つまりカエルたちが、

「おかえりなさい」

といって、とびついてくれるようだ。もし犬をかっていたら、犬はうれしそうにとびついてくるだろう。だから世の中には犬を飼う人も沢山いるが、彼らもまた「友達」の一人なのだ。そういった全てのいのちを愛していると、実に世の中は「友達で一杯」ということに気づくであろう。

その上飼い犬は、自分でとびついて来て、千切れるばかり尻尾を振りながら、

「君たちも、お父さん、お母さんが帰って来たら、とびついて行ったらどうかい？」

と教えてくれている。

「君たちは、尻尾がなくて、何を振るの？」

＊『天使の言葉』＝生長の家のお経の一種で、葬祭行事及び祖先霊供養等のために好適。

Ⅲ　清らかな交際

1 男女の交際について

ルールがある

人が男と女に分かれて生まれてきたということは大変素晴らしい。なぜなら男は左手、女は右手のようなもので、その両手がそろっていないと、ものも作れず、生活に不便で仕方がないだろう。そのように、何でも陽と陰がそろわないと、うまい働きができないからである。そこで、人はやがて大人になると、一組の夫婦ができあがり、そこに子供が誕生して、さらに孫やひ孫が生まれて、繁栄して行くことになるのである。

でその前にあらかじめ男女が交際して、男は女の気持ちや考え方を学んだり、女はまた男の子のことをある程度学んだりするものだ。しかし昔は今のように「男女交際」が活発ではなく、押さえ付けられていた時代だった。それは日本ばかりではなく、どこの国も大なり小なりそんな傾向があった。そんな時はどうしてもコソコソと隠れて交際したりするから、「変な学習」になったり、何も分からないままに結婚して、とんでもなく悩んだりすることもあった。

今でもそういう人たちもいて、何か「悪いことをする」気持ちでいるから、「変な学習」になる場合がある。すると正しい交際ができず、すぐセックスの関係になってしまったりして、問題をこじらせる。だからまず知っておかなければならないことは、「肉体関係は男女交際とは違う」ということである。今も色いろなところでしきりに戦争をして、レイプをしたとかいわれているが、そこには何の〝交際〟もなく、愛も理解もないだろう。

かつて高二の女の子（Aさん）から、こんな相談の手紙をもらったことがある。

『今、私は不安と反省の思いで胸がいっぱいです。どうぞ清超先生、ご相談にのってください。私には、一年半の間おつきあいをしている男の子がいます。同じ高校で学年も同じです。私はこの一年半を経て、彼と出会っておつきあいすることができるようになったことをとても感謝しています。私はこれからも彼と今のような関係でいたいし、彼は私にとって本当に大切な人だと思っています。きっと彼も私のことを同じ様に思ってくれていると思います。（中略）』

早まり過ぎるな

ここまでの彼と彼女には、何の問題もなく、お互いの交際もうまくいっていたようだ。しかし、次のようになってきたのは、やはり早まり過ぎたからであろう。

『その彼とのことなのですが、（とても恥ずかしくて書くには勇気がいりますが、今の私には清超先生に聞いていただくことしかできないんです。）少し前に肉体関係をもってしまいました。でもセックスという行為自体はきちんと出来ませんでした。私はその時は、相手の気持ちを素直に嬉《うれ》しく思えていたのですが、今不安になっているというのは妊娠のことなんです。くるはずの月経が遅れているので少し不安になって、本や雑誌で調べてみると、セックスという行為はしていなくても、それ以外の行為や、二人の体の健康状態などによって妊娠はありえるということなんです。私はとてもこわくて涙があふれてきました。改めて自分が情けなくなりました。今は妊娠しているのか、月経が遅れているだけなのか、わかりませんが、調べることさえこわくてなかなか決心がつきません。私は早く月経がきてくれることだけを信じたいところですが、妊娠してしまったときのことを考えずにはいられません。私は男の子とおつきあいすることは悪いとは思いません。けれども、自分で責任をとりきれないことだけは絶対してはならないことくらい知っていたはずなのに……と思うと辛《つら》くてたまりません。(後略)』

この最後に書いてあるように、「自分で責任のとれないことだけは、絶対にしてはならない」というコトバは、とても大切だ。そうでないと、人に迷惑をかけ、責任を取れないからと……こんなとき悪くすると、父母にも言えず、堕胎《だたい》とか人工流産という〝殺人〟を思いつく。これが果たして幸福への道筋かというと、決してそうではないのである。

というのは、この世には、「よいことをしたら、よい結果が出るが、悪いことをすると、悪い結果が出て、不幸になる」という〝原則〟があるからだ。ところが同じ妊娠でも、結婚をしてから、正式に夫婦になった後だと、子供が生まれて「おめでたい」ということになる。つまり何事でも順序を取り違えると、うまくいかないから、しっかりと心得ておいて、

「人がやるから、自分もやる」

というようなことは、やらないことだ。愛とセックスはちがうのだ。この世では決して、胡麻《ごま》かしはきかない。人の物を取っても、同じことだ。その当座は「うまくやった」と思うかもしれないが、結局後になって後悔するのである。人生は長い。こ

とにジュニアの皆さんにはいくらでも未来がある。人の真似をして、見せかけの〝恋人〟をつくったり、争ったりするのも、正しい交際のやり方ではないから、お薦《すす》め品ではないのである。

楽しい交際の仲間

いきなり妊娠の話までいって、いささか早すぎたかも知れないが、別の高校生（Bさん）からはこんな手紙をもらったことがある。

『（前略）私は、受験をすぐそこにひかえていながら手につかず、毎日毎日、泣きたいのを我慢《がまん》している高三の女子です。私は音校生で、高校三年間クラス替えをしていません。楽しくて楽しくて、学校が大好きでした。でも今この冬休みに入る前から私は一人ぼっちになりました。決してクラスの子が仲間はずれにするのではありません。皆表面とても穏《おだ》やかに、私にも接してくれていると思います。素晴らしいクラスメートです。でも私には親友という友達が三年間一人もできませんでした。それは、私の性格に原因があるのですが……。

私のクラスは女子が多く男子は四人です。仲はとてもよいです。ただ、グループ意識というのが一年の時からあり、たいていみんな二人組というのを基にグループを作っています。私には、特定の友達よりも、たっくさんの友達がいいという考えがいつからかあって、とりあえず二人組してはいるものの、あっちこっちでワーワーたのしんでいました。そんな中で、クラスの男子のT君と仲良くなれました。一年の時T君のことを好きでした。でも三年になった時には、そんなのは忘れて、恋愛感情なしの友達づき合いをしていました。女友達といるよりもたのしいし、何より誰からも人気のある明るいT君と友達でいることは、私の秘かな自慢でした。（中略）』

この辺までは、とても楽しく学園生活を送っていたので、彼女の考えが正しかったと言えるだろう。T君との交際も明朗な感じだ。どんな交際でも、恋愛でも、明るくなければ良い結果にはならないものだ。どこかの通俗ドラマに出てくるように、人をだまして、口先でごまかしてその場を切り抜けてばかりいるようなことは、断じてやらないことである。

『ところが、私は、一人の友達を自分のだけにしときたいという独占欲がつよく、（今まで、女友達ともこれが原因で失敗してきました）またそうなってきてしまったのです。T君に特定の彼女はいませんでしたが、とにかくもてますから、T君自身からもいろいろ女の子のハナシを聞いていました。T君のことを好きな女の子が同じクラスにいて、（仮にMさんとします）Mさんは最初こそT君と仲のいい私に、いろいろ話していました。ただT君からもいろいろきいてたので、私はMさんにあまりよい感情を持たなくなりました。それまではMさんもクラスメートの一人として、私も仲よかったのに。T君からMさんの話をたくさん聞いている内に、T君にではなくMさんに腹を立てていたのです。心のすみで、私の気持が、MさんにもT君にもばれませんように……と祈りながら。

でも、私のT君を友だちとして独占したいという気もちと、T君が友達としての私より、恋愛対象のMさんに移るのがたまらなくなり、Mさんの悪態《あくたい》をつき始めました。高三にもなってすることは中学生よりもまだ卑劣《ひれつ》です。中学生ならまだしも、高三になれば周囲の人だってそうゆう私に対する態度というものは内々のものです。自分で気づかないと誰も何も言ってくれません。私は調子にのって、二人の友達にMさんのことをどんどん悪く言いました。なんてことをしたのでしょう。いつのまにか私のまわりには、友達と呼べる人はいなくなりました。それもただの一か月の間に。（後略）』

謝ることが出来る

彼女は感性の優れた子らしく、自分の嫉妬《しっと》心を反省し、またMさんの悪口を言ったことが、多くの友達を失った原因だと分析している。そこでT君に電話で謝った。T

君は赦《ゆる》してくれた。しかしMさんにはどうしても謝れないが、このままで卒業したくない。以前の〝私〟に返りたい、と言うのであった。そこで私は彼女に次のような返事を出したのである。

『お手紙拝見しました。

あなたが気持ちよく高校を卒業して、音楽大学に入りたい気持ちは、よく分かります。いつでも人間はすばらしくなれるのです。過去はないからです。あまり過去のことには、こだわらないで下さい。

あなたはだいぶ長い間生長の家をやられたからよくお分かりでしょうが、人は〝神の子・人間〟を自覚しているとき、そしてそれを観《み》る「神想観」をやっているとき、必ず進歩向上します。だからあなたも毎日やって下さい。

それからT君やMさんに対するあなたの気持ちも、高校三年生くらいになるとよくあることです。あなただけが特別悪いというわけではありません。こうして人々は愛について、又友情について、さらに又恋愛について学び、より高いすばらしい「愛」に進歩向上して行くのです。階段を登るのでも一段、二段、三段のところに引っかかっていると、上に登れないでしょう。だからそのことは心から放して、気持ちよくお詫《わ》びをし、手紙でもあるいは会って口で言ってもよろしいから、相手の「許す」ということはそのまま素直に本当に許してくれると信じて、「内心がどうだか分からない」というような疑いを捨てることです。

人は皆あなたの気持ちを分かってくれる「神の子、兄弟同士」ですから、明るい気持ちでこれからの学校生活を力一杯やって下さい。ではお元気で、さようなら。』

信仰を深めること

このようにして人々は、この人生で多くのことを学んで行く。だから今困ったり苦しんでいるからといって、昔より「悪くなった」という訳ではない。人はとかく嫉妬心を克服して、より高い愛に高めることを怠《おこた》りがちだが、それはこういう時に学習することなのである。

このBさんの場合はまだいくらでも良くなって行くし、明るい未来がすぐそこに見えていると言っても良いが、最初の「妊娠かどうか」と悩んでいるAさんの例では、ひょっとするともっと深刻な問題に発展する可能性もあった。

だからこんなところまで行かないように、ちゃんとした心のケジメが必要である。だから私はAさんには次のような返事を出したのである。

『お手紙拝見しました。

あなたのお母さんが生長の家であることや、あなたが小さい時から生長の家の教えにふれておられたことは、とても幸せなことです。どうぞ父母に感謝して、明るい毎日を送って下さい。

でも今のあなたは不安でいっぱいだと思いますが、人はやはり結婚生活に入ってからセックスをもつべきであることは、十分ご承知でしょう。今後はその様な行為を絶対になさらない決心をして下さい。

又妊娠している場合でも、中絶などしてはいけませんね。これもその決心をして下さい。しかし今のあなたの状態では、たぶん妊娠はしていないと思われますので、全てを神様に全托《ぜんたく》して、毎日「神想観」をして実相世界は完全円満であり、お父さんもお母さんも又あなたのお友達も皆素晴らしい人であることを深く心に描いて、心を浄化して下さい。さらに又、御祖先の御供養も大切ですから、「甘露の法雨」などもよくお読みになって下さい。

では今の期節を、その様な信仰を深めることにお使いになって、神様への全托を実行して下さい。明るく毎日を送られることを心から希望します。ではお元気でさようなら。』

2　清らかな交際を

きれいときたない

人は誰でも、父母のもとに生まれて来る。父は男で、母は女だ。最近はアメリカでもイタリーでも、同性間の〝結婚〟を認めよという声が上がっているが、たとえ法律で認めても、同性同士では子供が生まれて来ない。だからどこかの父母の子を貰って来なければならないので、世界の子供は全て父母から生まれることに変わりはないのである。

するとと子供はまず父と母との二人の〝交際〟からこの世に生まれるのであって、独《ひと》りポツンと出て来るのではない。昔はあまり交際しないで結婚したが、最近はたいてい念入りに交際してから結婚する人が多くなった。そしてその〝交際〟が清らかであるか、それともキタナイかということは、その子の将来にとって、とても大きな影響を与えるものである。

一体、交際に清いやキタナイの区別があるか。それはどうやってつけるのか。交際ばかりではなく、モチでもダンゴでも、水でも洋服でも、キレイ（清らか）とキタナイと区別するのは、何をもとにしているのだろうか。これはちょっと難しい問題かもしれないが、水を例にとって考えると分かりやすいだろう。

清らかな水というと、スッキリとして澄《す》んでいる水だ。清《す》んでいるとも書くが、科学的にいうと常温の水であって、それに別の成分がまざっていると、にごった水となり、キタナイ水、よごれた水ということになる。しかし、どんなにきたなくよごれた水であっても、本当のH_2Oの部分はきれいなままだ。つまり清んだ水の本当の成分は、「よごれていない」のであり、別のものがくっついてまざっているだけである。

だから人間の場合、友人同士の交際でも、親戚同士の交際でも、上役《うわやく》と下役《したやく》とのつきあい（交際）でも、その根本は〝愛〟であり、その〝愛〟が純粋であるほど清らかで、キレイで美しいと言える。ところがその〝愛〟がにごって来て、きたなくなり、見苦しくなり、清らかな〝愛〟がかくれてくるのである。

ある殺人事件

では〝愛〟にまざってそれをにごらせる要素は何かというと、〝欲望〟という、愛に似ていてそうではないものだということになる。つまり〝愛〟に〝欲望〟がからみついて、にごってくると、清らかでない交際と言えるのだが、やはり奥には清らかな〝愛〟はアルのだ。全く何もなくなったわけではない。というのは人は皆《みな》智慧と愛との「神の子」であって、すばらしいいのちそのものだからである。

さて次に〝欲望〟とは何かを考えてみることにしよう。世の中には三大欲望と言われるものがあるという。つまり食欲と睡眠欲と性欲との三つだ。これらが混入してくると、その人々の交際はきたなくなり、清らかでなくなるのである。男女の間の愛でもそうだし、同性間の愛や友情でも同じことが言える。もっと具体的な例で言うと、平成十年三月二十五日の『毎日新聞』に、ニューヨーク在住ジャーナリストの青木冨貴子さんの、次のような記事がのっていた。

D・Aという十四歳の少女が十五歳の少年と二人して、深夜ニューヨークのセントラルパークで、親の目を盗みビールを飲んで遊んでいた。すると百八十五センチで百キロ近い四十四歳の男性と出くわしケンカしたらしく、当時（九七年）十五歳の少年がナイフで切りつけ、殺害したのだった。

『（前略）「あいつは太っているから、池に沈むわ」。少女が少年にいうと、被害者のおなかを大きく切り裂《さ》くよう命じ、遺体を2人で池に投げ込んだという。現金を盗んで財布《さいふ》を焼き、身元が割れないよう細工《さいく》した。

2人は第2級殺人と窃盗罪《せっとうざい》で起訴《きそ》された。ニューヨーク州法によると、殺人を犯した者は年齢にかかわりなく大人と同様の扱いを受ける。唯一の違いは未成年には死刑が求刑されない。

米国ではこの3年のあいだに各州で少年法がドラマチックに書き換えられた。14歳から17歳の殺人が3倍以上、その他の重罪で逮捕される者も急カーブで上昇しているためである。未成年といえど、大人同様の懲罰《ちょうばつ》を与えない限り、犯罪防止にはならないという考えが一般的になり、各州がそれぞれの規定を設《もう》けている。（中略）』

この実例のような少年少女の〝交際〟は、二人にどの程度の愛があったか知らないが、決して「清らか」とは言えないだろう。すくなくともひどい惨虐《ざんぎゃく》行為で、被害者の財布も盗んでいるから、〝欲望〟にまみれた関係だったと言えるにちがいない。誰でもこの話を聞いただけで、キタナイという感じをうけるものだ。しかもこの少女は裁判で、

「殺すつもりなんてありませんでした。今ではとても悪かったと思っています」

と告げているというから、全く〝人類愛〟がなかったわけではないし、本来はやは

り「神の子」の本性を持っていた少女にちがいない。この少年についても同じことが言える。さらに続いてリポーターの青木さんはこう書いている。

『主犯格の少年より、少女の方にメディアの関心が集中したのは、彼女がセントラルパーク西にたたずむ超高級アパート、マジェスティックに住むある食品関係会社重役の養女だからだ。不公平なことは明らかだが、殺人で起訴された未成年は大人なみのあらゆる責任を背負うべし、という競争社会の厳しさを目《ま》の当たりにする思いだ。』

業の法則

日本では最近一部中高生の「援助交際」なるものが問題になっているが、これも「金銭を得る」という欲望と性欲とが大きく関わっている交際だから、清らかではなく、きたない方の部類に属すると言える。もし少女がこういうことをしていると、関係した人の「良心」は必ず自己の行いの〝非〟をさばくから、やがて不幸な結果を得るというのが「因縁果《いんねんか》の法則」と言われるキマリである。

それと似たような例だが、Ｊさん（昭和十八年九月生まれ）という母親が練成会でこんな話をして下さったことがある。平成八年の九月のこと、彼女の次女（Ｈさん）が不倫をして、おなかに赤ちゃんができた、もう六ヵ月になっていると言うのだった。彼女の両親は五十年あまり、真面目《まじめ》に生きて来ていたのに、「なぜこんなことになったのか」と思い悩んだ。いくら考えてもその原因が分からなかった。けれども、Hさんがそう打ちあけてくれたということは、大変よいことで、もし両親にかくしたまま友達や相手と相談して処分してしまったのでは、人命を殺すことになるだろう。しかもHさんはその罪の意識で、ひどく長い間苦しまなければならなくなるのである。

けれどもJさんは昭和四十三年以来生長の家の信仰をしていたし、ご主人（Oさん）もまじめな会社員だった。結局彼女は前世からの業《ごう》がこうして今現れてきて、消えて行く姿だろうと思う外はなかった。だから他人に責任を負わせてはならない、自分のやるべき事を正しく行い、この清らかでない交際をやめさせ、おなかの子のいのちは救うことがとても大切だと考えた。

そこでJさんは、一心に「神想観」をして、完全円満な「神の国」を心に描き、祈り続けたのである。彼女は長い間生長の家の教えを勉強し、誌友会*や母親教室*でも、自信をもって「神の子・人間です」「人生は心で作るのですよ」と伝えて来たのが、まるで音を立てて崩れて行くような気がした。そして、

「もう私には何の資格もない。白鳩会*の役職も、何もかもやめさせてもらい、ゼロから出発し直そう」

と思った。そこで教化部長*さんや白鳩会長さんにお話したが、お二人とも「苦しいだろうがそれを乗り越えて行かなくてはいけません」と教えて下さった。この人生ではどんな問題が起っても、決して解決できない事は起らないのである。しかもそれを正しく解決して行った時、人のいのちはさらに進歩向上して、本来の「実相・神の子・人間」のすばらしさを発揮するのである。つまりよごれていて清らかでなかった行為が、清まり、本来の純粋な〝愛〟を現し出すようになって行くのだ。

Ｊさんには幾夜《いくよ》もねむれない日が続いた。しかし『ステキな生き方がある』*という本の一六八頁には、

『このように貴重な子供たちを、まだそれが胎児であるという理由で、父母やその他の家族が堕胎《だたい》する（又はすすめる）ことが行われるのは、人道に反するし、宗教上の「不殺生戒《ふさつしょうかい》」をも破るものである』

と書いてあった。つまり「業の法則」というのは善《よ》いことをすれば善い結果が出てくるが、悪いことをすれば、必ず悪い結果になって、いつかは苦しみ悩むことが重なってくるということだ。これを読むと、どうしてもこの赤ちゃんは生んで育てるのが本当だということになる。名誉とか、体面とか、学校へ行くとか行かぬとかそんなことはすべて二の次の話だ――と気がつくのであった。

父母がそう思って悩み苦しむと同時に、〝きたない交際〟ともいえる不倫を行った場合は、本人が一番悩み苦しむものである。さらにJさんは、娘が他人の家庭を破壊するようなことをしてはいけないと思い、Hさんが相手の男性と別れるようにと、愛念をもってすすめはげましたのであった。

魂を清める

その間に相手の家族の方々や、Jさんの親戚の方々からは、しきりに「中絶する」ことをすすめられ、せめられた。しかしJさんの家族は皆心を一つにして「いのちを守る」ことを決意して、協力し合った。特にご主人さんは、「どんなことを言われても、生かすように努力するのが当り前だ」と言って下さった。こうして一致団結してよごれた関係を清らかに純粋にして行くにつれて、家族の団結が一層強まって来たのである。そしてHさんがどんなに苦しい思いでいたかを思い、日に日に目立って来るオナカを見て、誰も彼女を責める気にはなれなかった。

普通なら、父母の知らない間に、中絶していたかも知れないが、Hさんはそれをせずに打ちあけてくれた。彼女も生長の家の練成会をうけたことがあったからだし、それがありがたいことだと思えた。そしてJさん夫婦はHさんを姉さんの田舎にあずけて、静かな環境で出産させることにした。さらにHさんに練成会を受けるようにさせた。

するとHさんは見ちがえるほど明るくなり、交際相手だった男性も、その両親も最初は冷たい態度だったが、Hさん一家は誰をもうらまず憎まず、本当の愛へと心を清め、一切の人々の幸福を祈り続け、和解の祈りをし、相手の実相を礼拝《らいはい》したのであった。

するとその年の十二月には相手の両親も、生まれてくる子は自分達の息子の子に違いないし、自分たちの孫に当たるのだから、「どうか大事に生み育ててほしい」という言葉を返してくれた。

そうして一月元旦の朝七時に、元気な女の子が生まれた。母乳も沢山《たくさん》出て、色々な人からお祝いをされ、順調に育って行き、一ヵ月半すぎには、Hさんから赤ちゃん（M）の写真と次のような手紙がとどいたのである。

「○○家の皆様、今回のことで大変ごめいわく、ご心配をおかけして、本当にすみませんでした。皆さまには本当に感謝しています。私はすばらしい家族の方々に囲まれ、本当に有難く思います。○○家に生まれて来たことに感謝いたします。Mを生ませて頂いたことにも感謝しています。母になり感激一杯です。いつも迷惑をかけてばかりいた私を見捨てず、温かく見守って下さり、本当に皆さまには感謝しても、感謝し切れません。これからも大変かも知れませんが、Mを心の支えとしてがんばって行きたいと思います……」

という文面だった。その赤ちゃんの写真を持って、相手の両親に見せに行くと、その写真を見ながらこう言った。

「可愛い子やなあ。いい子やなあ。こんな可愛い子が生まれてくるのに、こんないい子はどれほど立派な人になるか分からんのに、以前には大変失礼なことを言って、あんた方を苦しめたことを、どうか許して下さい」

この言葉を聞いて、Jさんは今までの苦労が一ぺんに吹き飛び、Mちゃんは、多くの人々の「愛の心」を引き出して下さるために生まれて来たのだとつくづく感ずることができた、と話しておられたのであった。

このような実例からも、〝清らかな交際〟がどんなに大切であるかが判るだろう。そうでなくて、欲望や人マネや誘惑《ゆうわく》によってよごれた交際に陥《おちい》ってしまったのでは、いくら隠しても、いつかは必ずひどく苦しい「結果」を体験し、「何をなすべきか」を厳しく教えられることになるものである。

＊誌友会＝生長の家の教えを学ぶ会。主に居住地域単位の日常的な集まり。
＊母親教室＝生長の家白鳩会が全国各地で開催している、母親のための真理の勉強会。
＊白鳩会＝生長の家の女性のための組織。全国津々浦々で集会が持たれている。
＊教化部長＝生長の家の各教区における責任者。
＊『ステキな生き方がある』＝谷口清超著。（日本教文社刊）

3 正しい愛と性について

コトバの意味

〝愛〟と〝性〟について書くようにと編集部から言われたが、これは難しいことだ。愛というのはわりあいよく分かるが、〝性〟というと色々とちがった意味があるからである。先ず第一は、本性とか性善説、性悪説というように使われるときで、これは「生まれつき持っている人間の心」といったような意味だ。本来善い人間だという場合が〝性善説〟で、もともと悪い心が人間の本性だという考えが〝性悪説〟である。「人となり」とか「さが」とかと言うのがそのような〝性〟である。

次に〝性〟というと男女の肉体的な区別をいう。男性とか女性、そして時には中性ともいって、文法上も男性名詞、女性名詞など分かれている言語がある。日本語にはそれがないようだが、男言葉と女言葉の違いがあり、

「何々ですわ」

などというのが女言葉だ。近ごろの若者は、女性でも、「テメエ」などと言ってみたり、「コノヤロー」などと叫んだりするが、野郎（ヤロー）というのは男性（郎）に対して使う言葉である。さらにもう一つ、性には中にかくれていて、表面にあらわれていないものを指す場合もあり、〝形性〟などと使う。おまけにもう一つ、生命と同じように〝性命〟という使い方もあるが、現在ではあまり使われていない。

そこで人間の「本性」という意味に使うと、それは「愛」だとも言えるが、普通は肉体上の男女の性のことや、性交の意味でセックスと言ったりする。これは全く肉体についての話になってくるが、こうした使い方が多くなった現代は、物質的に偏《かたよ》りすぎているとも言えるだろう。こうなると〝愛〟もまた肉欲的な意味に使う人も出てくるので、物と心とが混乱してしまうのである。

しかし本来は〝愛〟は精神的なものであり、〝性〟も本来はそうだが、いち早く肉体的なセックスに転落して使われている。〝性〟という字のツクリの〝生〟は地上に芽がのび出す姿をあらわし、忄は心であるから、縦《たて》にのびて行くいのちであり、〝心〟なのである。

欲望の心

ところが愛でも性でも、それに欲という字がつくと、とたんに愛欲、性欲となって、きたなくなってくる。つまり愛欲は執着の欲望であり、性欲とはセックスの欲望となるからだ。こうなると愛欲の一部に性欲も含まれて来るから、性欲はきたならしい、いやなものだと思っている人が沢山いる。

しかし本来は性欲にはきれいもきたないもない。それは睡眠欲や食欲と共に〝三大欲望〟の一つに数えられて、「あるのが当り前」だからだ。というのは、それがないと肉体が成長して行かない。食欲がない人は、食事をとろうとしないから、やがてその肉体は死んでしまうか、病気になるだろう。睡眠欲がない人も肉体に変調が出て、ぁたり前に夜もねむれず、昼の勉強時間や仕事時間についウトウトしたりする。

そして又性欲は、子供の時はあまり出て来ないが、年ごろになると出て来て、それがないと子供が生まれない状態が起り、その動物や民族はやがて地上から姿を消す。だからこれらの〝三大欲望〟は、肉体生活には必要なものだと言える。ただし、その「使い方」はよく心得ておかないといけない。

つまりどんな電気器具でも、車でも、どんなに必要であり〝よい道具〟であっても、

「使い方」を間違えると、とんでもない事故を起したり、他の人々や社会に損害を与えるだろう。自動車や飛行機でも、それで犯罪をおかしたり、〝不審船〟を使って他国の領海を侵《おか》したりする、そんな「使い方」はよくない行為である。

だから〝肉体〟という道具を使っても、その主人公である人間の心が、何をするかが問題だ。善い目的に使えばよいが、悪い目的に使うとよくない事をしてしまう。肉体は心の命令に従って、とてもよく動いてくれる。ところが、肉体にはオートメーションの装置もついていて、肉体とその種族のほろびないようにする保存の心、つまり〝欲望〟がついている。だから時や年がめぐってくると、食欲や睡眠欲が起ってくるし、性欲も起ってくる。これが本当の心、つまり愛や智慧の〝本心〟と混じり合ったようにして感ぜられるのである。

奴隷となるな

けれども本当の愛、つまり「神の子・人間」の本心の愛は、純粋で好き嫌いを超えている。その本心を引き出すことをおろそかにして、何でも欲望の心に従うのが「自分に忠実だ」などと教えられたり、思ったりしていると、欲望に従うのが「自分に忠実だ」と思い、食欲の動くままに、食べたり飲んだり、時には好き嫌いを言ってみたりして、わがままぶりを発揮するのである。

又、眠い時に眠り、起きたい時に起きたらよい、それが「自己に忠実だ」などと思っているが、これは欲望に従って、その心を本心と思い違えている人たちだ。こんな欲望に従っていると、青年期には性欲が出てくるから、その欲望の思う通りに、性欲をみたすのが「よいことだ」と思ったりもする。そしてそれを愛（本心）と混同するから、他人の迷惑や、相手の将来のこと、家族のことなどは考えず、まるで多くの動物と同じようにオスはメスを探し、メスはオスを求めるということになるのである。

これは愛といわれる本心ではない。「本当の愛」は「慈《じ》・悲《ひ》・喜《き》・捨《しゃ》」の心といって、相手のためを思い、相手の悲しみを取り去り、相手の喜びを共に喜び、しかも〝捨〟といって、〝執着を捨てる心〟なのだ。

この心は「神の子の心」、「仏の心」といわれるもので、それが人間の本心であり、本性なのである。その本性をみとめず、ただ肉体の欲望が本心だと錯覚していると、肉体の欲望に振りまわされ、その欲望の奴隷《どれい》となるだけで、人生は肉体の死と共に、灰となって消え去るということになる。

しかも欲望には、さらに名誉欲や金銭欲などもあるから、金もうけのためには何でもやる人になってしまう。他人の物を取ったり、インチキの商売などをして金もうけをたくらむのは、こうした欲望の奴隷となった状態で、これでは結局肉体という道具を下らぬことに使い、悪事を働くという悪業《あくごう》の人生を送る結果になるのである。

つまり、食欲や睡眠欲や性欲が悪いのではない。それを本心と思いちがえて、そうした欲望のままに引きずられ、人間としての正しい道を見失っているのがいけないだけである。もし本心を見失わず、これを一層ハッキリと現し出そうとしているならば、この欲望を統御《とうぎょ》して、秩序立った生活をするということができるはずだ。

つまり〝欲望をなくしてしまえばよい〟のではない。食欲、睡眠欲、性欲がある（起る）のは当り前で、それがなくなってしまうと、肉体は食べないからおとろえ、やがて死んでしまうだろう。眠らないから、これも色々の肉体の働きを悪くするし、性欲のない人であると、結婚もしたがらず、子供を生むこともできなくなり、やがてその種族は死にたえてしまう。少子化を通りこして、無子化現象ということになるのである。

正しく操縦すること

だから人々は、欲望を否定するのではなく、それを正しい目的に向かって秩序づけ、〝統御する〟ことが必要だ。ちょうど馬（これが肉体に当る）に乗って、目的地に行く時のように、馬をうまく操縦《そうじゅう》して、目的地の方に行かせるのだ。それには馬に適当な食事を与え、眠らせねばならない。馬の繁殖も心がける必要がある。

しかし決して馬の動きたい方向へ引っぱられて行き、馬の食べたい時に道草を食わせるのではない。オス馬がメス馬に近づこうとして、それに乗り手が引きずられるのではなく、平素からちゃんとした規律に従うように訓練し、統御するのだ——そうでないと「人生という乗馬術」を心得た人とは言えないだろう。

それと同じように、人間も肉体を使うならその使い方（肉体乗馬術）を心得て、正しい目的に向かって動くように〝練習する〟必要がある。

この練習のために人生はあるといってもよい。つまり、お母さんのおなかからオギャーと生まれるのは、肉体乗馬術のはじまりだ。それでもまだうまく肉体操縦はできないが、人は次第に大きくなってくると、食事も睡眠も、生活の正しいリズムに合わせられるようになる。そして年ごろには性欲も出てくるが、これは幼いころは口のあたりにも現れて来て、お乳にすいついて吸うのも、食欲と性欲のハジマリとの混合したものだ。それで赤ん坊は充分おなかがくちくなると、ぐっすりと眠る——というように、最初は二つの欲望がくっついて、自然に肉体を成長させるようになっている。

しかもやがて大きくなると、男性には女性に関心が向き、女性も男性に引かれるようになる。しかしただ性欲だけではなく、心の奥にある本心が、自然に自分の〝魂の半身〟を求めるようになる。これは男性だけでも子供は生み育てられないし、女性だけでも生み育てられないからだ。何故《なぜ》なら、この世は全て＋《プラス》と－《マイナス》の両極の結び（火水・即《すなわ》ちカミ）で動く仕組みになっているからである。それは地球にも陰極と陽極があり、電池や電流にもプラスとマイナスがあり、それが結合して運動するようにできているのと同じ原理である。

しかしむやみやたらに陽極と陰極をくっつけても電流は流れない。一つの電池の＋と－とを結ばないとだめだ。そのように本人同士のいわゆる魂が〝半身同士〟でないと、本当の家庭がいとなまれず、社会が混乱して、誰の子か分からないような子供があちこちに生まれて、大変なことになる。だから正しい〝秩序〟に従って正式に結婚する（ちゃんと戸籍登録する）ことが必要になるのである。

こうして本当の愛し合ったもの同士が結婚する。すると当然肉体の交わりも〝愛の表現〟として行われる。それは肉体そのものが「心を表現する道具」だからである。例えば愛し合う人々は、お互いに笑顔を交換し、時には握手をしたり、手紙や贈り物のやりとりをするだろう。それは肉体が心を現し出しているからだ。

ところが夫婦となると、その表現も笑顔ばかりではなく、もっと深い交わりになるから、そこで性的な表現となり、その結果大抵《たいてい》は子供が生まれるが、その子供は誰の子か分からないといったあやふやなものではなくなるのだ。この〝秩序〟が社会の健全な発展のためにはとても大切である。それ故《ゆえ》、夫婦以外のものとのセックスは、「不倫」と呼ばれて、よくないこととされる。この〝当り前の生活〟がよいのであって、それ以外は〝心の病気〟にかかったようなものだ。一切の病気や争いや戦争は、神様の世界、つまり実在界（実相世界）にはナイのである。

その神の国にないことを求めても、それは迷いの産物だから、一時あるように見え、愛の一種のように見えても、ニセモノの愛であるから、決して永続きしないし、いつになっても本当の幸福や平安は得られないのである。

結婚の意義と感謝

さてそれでは肉体の姿としての〝男性〟と〝女性〟とは、神様の世界でどうなるのか、と心配する人があるかもしれない。しかし心配はいらない。神様は「天の父」でもあるし「天の母」でもある。つまりここでいう「天」とは絶対神のことだが、父性と母性と両方をあわせ持っておられるのだ。その二つは「一」であって、それが表現の世界（現象界）ではプラス（父）とマイナス（母）の姿であらわれる。（これを「一

即多《そくた》の原理」ともいう）

だから現象界に生まれ出るとき、人間の魂は、時に男性として生まれたり、時には女性として生まれてきて、そのような肉体での〝智慧〟と〝愛〟との表現を練習するのである。そこで生れ変りの時は、いつも男性として現れるとは限らないし、女性として生まれて来ることもある。又女性と生まれた人も、しばらく女性の体験をした後で、何回かの生れ変りの後には男性として生まれて来るし、お互いに色々と性の入れ変わった人生体験を積むことになる。

これは「生れ変り」を考えない人には分からないかもしれないが、人生に一回だけ生まれて来て、あとは灰になって、それで終りというのでは、生まれて来た意味がまるでなくなってしまうだろう。灰になるだけなら、最初から灰である方がよっぽどよい。ところが肉体は何回も死ぬが、そのかわり肉体が死んでも魂（いのち）は生き通していて、色々とそのいのちのすばらしい力、「無限力」を表現しようとするのである。そして愛と智慧とをますます完全にあらわし出すことに「生き甲斐」と「よろこび」を感ずるものなのである。

Ⅳ　そのままの心を大切に

1　与えると増える

心の法則

人はよく、あれが欲しい、これが欲しいと思うものだ。ことにあまりお金に縁のない若い青少年には、与えるよりも、貰う方の専門と言う人もいるだろう。しかしこの世には「心の法則」があって、この法則は破れないのである。それは「物質の法則」でもおなじだ。学問にも心理学もあり、物理学もあるようなもので、「心の法則」は「業の法則」とも呼ばれているものである。

簡単に言うと、「因果律」と言って、「因縁果の法則」のことだ。種を蒔くと、芽が生えて、実が実る。種が「因」で、実が「果」だ。「縁《えん》」とは「助因《じょいん》」とも言われて、「補助原因」という意味である。例えば種を蒔いても、水分や日光がないと、芽が出ない。そのように幾つもの補助の原因がないと、実が実らないものである。

さらに「心の法則」には「心が物質に現される」という原則があり、さらに時間が延びて、だいぶ後になってから結果が出てくると言うようなことがある。例えば深切な心がある人は、相手に何かプレゼントをおくったりする。憎んでいると、嫌な顔をしたり、声に出して罵《ののし》ったり、時には暴力を振るったりするだろう。つまりこれは「心」が肉体と言う「物質」に表現されたのだ。

さらにもう一つ、「物質の法則」には、「動反動《どうはんどう》の法則」と言って、壁に物をぶっつけると、同じ力で跳ね返されるが、それと似たように、心でも「与える心」があると、「与え返され」て、プレゼントを交換し合ったりする。しかしすぐにではなくて、その間に何日かずれたりする。おなじ物をやり取りしたのでは、役に立たないから、〝別の物〟を贈るのが当たり前だ。相手にリンゴをあげたら、同じリンゴがすぐ返ってくることは、先ずないようなものである。

だからこちらが「与える心」を持っていると、色んな人から「与えられる」ようになるものだ。それ故「貰いたい」とばかり思って、いつも手を出していると、友達でも親類でも、「貰いたい」というケチな人ばかりが集ってきて、つまらない生活になり、「豊かに」はならないものである。これはとても大切な心構えだから、よく憶えていて貰いたい。

コトバが作る

ところが多くの若者達は、「与える物なんか持ってないよ」などと言う。そして「貰うものなら幾らでもある」と思うかも知れない。

しかしあるのだ。赤ん坊にでもある。それは〝笑顔〟だ。赤ちゃんがニッコリ笑うと、それだけで、父母や家族は嬉しがる。物とはお金になる物質とは限らない。笑顔はどんな人にもある「宝物」だ。朝起きて、家族と顔を合わせるとき、ニッコリするぐらいのことは、誰にでも出来るだろう。それに加えて、

「おはよう」

と挨拶をすると、もっと良い。するときっと、「与えよ、さらばあたえられん」という法則のように、相手からも挨拶が返ってくるに違いない。もし相手がツンとして黙っていたら、「昔は自分がこんな態度だった」と反省して、毎日続けてやっていると、必ずきっと挨拶が返ってくるようになる。

私もいつか本部*に通っているとき、いつも途中で難しい顔をしている掃除人の女の人に出会っていた。中年のおばさんだ。ためしに挨拶してみたが、にこっともしないで、口をちょっと歪《ゆが》めただけだ。次に出会ったとき、やっとなんだか挨拶らしい声を出した

が、やがて笑顔が出てきて、やがて手まで出して振るように、進歩したのである。

コトバを出すと言うことは、とても大切で、それが人生を作るのである。だから、法律でも条約でも、友達との約束でも、みなコトバでする。それが明るいコトバだと、明るい人生が作られていくが、暗いコトバや黙りこくっているだけでは、暗い人生を作るだけになってしまう。しかも大人になるに連れて、コトバが少し変わるのだ。平成十四年十月三十日の『毎日新聞』には、こんな投書がのっていた。

『　　　　　　小学生　滝本香奈子　10（千葉県浦安市）

私は盲学校の5年生です。私たち5年生は高学年ということで「言葉を丁寧にしよう」と考えました。

今まで「〇〇ちゃん」と、ちゃん付けで名前を呼んだり呼ばれたりしてきましたが、高学年としてさん付けで呼ぶことを決めました。

そこで私たちは「先生や他の友だちにも協力してもらおう」と決め、月曜日の「おはよう朝会」で発表しました。

その次に決めたことがありました。私たちはいつも授業のあいさつの時に「立って下さい」と言ってきました。ですが「起立」ということにしました。

今回のことでクラスの雰囲気が変わって気持ちよくなったような気がします。私はこれからも、もっと言葉に気をつけていきたいです。』

これはちょっとしたコトバの変化で、クラスの雰囲気が変わったと言う体験だ。だからチョットした言葉の挨拶でも、するとしないとでは、人生が変わってくる。さらにコトバは「身《しん》・口《く》・意《い》」といって、物や心でもあるから、感謝の心を、物やお金で現すこともできる。誕生日に、「おめでとう」と言うかわりに、花束を贈ったり、お祝い金を上げたりするようなものだ。

ほめること

さらに平成十四年の十月十二日の『毎日新聞』には、こんな投書が載っていた。

主婦　溝端　明子　34（大阪狭山市）

《ある日の夕方。交番から電話が入った。「〇〇君はお宅のお子さんですか？」「えっ」。とっさに頭に浮かんだのは、交通事故だ。「大変なことになった」と血の気が引く思いがした。ところが、お巡りさんは明るい声で続けた。「息子さんが『公園で10円を拾った』と届けてくれました。お母さん、息子さんが帰ってきたらほめてあげてください」

どちらかというと、消極的な小学3年の長男が、どんな顔をして1キロも離れた交番の扉を開けたのだろうか。その勇気と実直さを思うと、親の知らない間の子供の成長を実感した。

長男のために忙しい時間を割いてくれたお巡りさんの心遣いに、感謝の気持ちでいっぱいである。子供はさまざまな場面で人生をつくっていく。たった10円、されど10円の「拾得物預かり書」を手に戻ってきた長男の笑顔は、どこか誇らしげに見えた。》

交番から電話と聞いただけでも、びっくりする人もいる。このお家の小学生は十円を拾って、交番に届けた。これはすばらしいことだ。黙って自分のポケットに入れるのでは「奪う心」だが、そうではなくて「与える心」でもって交番に届けた。そして彼は巡査さんからも、親からも誉められたのである。何時《いっ》かは一円玉を拾って届けたと言う話も聞いたが、こういう子供はきっと素晴らしい大人に成長するに違いない。

「与える」にもいろいろの変化したやり方がある。もう一つの例をあげると、平成十四年十月二十四日の『産経新聞』に、高松市の中学生の国方美佳さん（15）の、次のような投書があった。

『今の日本の基本は「古い物は捨て新しい物を買う」ことになりつつある。例えば携帯電話だ。新しい機種が出れば、今持っているのが何だかすごく古くなった気がする。私のはとても古いので、新しいのが欲しくてたまらないが、壊れてもいないので買い替えられない。

でもそれが普通だと思う。というか当たり前のことである。まだ使える物も簡単に捨ててしまう。そんなことが増えてきている。

私の母は、着なくなった服を「難民の子に送る」と言っていたことがある。私は「別にそんなことしなくていいのに」とその時は思ったが、今考えてみると母はすごいことをやっていた。私たちが着なくなっても、ごみにするのではなく、まだまだ使える物なら有効に利用しなければならないと改めて思う。

新しい物ばかりではなく、古い物も大切に使うよう心掛けていきたいです。』

古い物も大切に

パソコンでも携帯電話でも、次々に新しい製品がでてくる。そうした新品を買い換えてばかりいると、幾らお金持ちでも、たまらないだろう。私は幸いケータイは持っていないから、もっぱら固定式の電話ばかりを使う。しかし道を歩くと、青少年達は殆どが、ケータイで誰かと話している。笑ったり、叫んだり、ホントー、ウソーと連発したりする。そして急に歩き方が不規則になって、フラフラするから、困ることもある。（あの通話のお金は誰が払うのだろう）と思うこともあるくらい長い会話もしている。

しかしこの国方さんは、偉いお母さんに育てられたから、古いケータイを捨てないで、使うと言う。お母さんは、古い服を「難民の子に送る」とおっしゃるから、大きな「与える心」の持ち主だ。幾ら古くなっても、良い物がたくさんある。そうした製品には多くのエネルギー資源が使われている。それを捨ててしまっては、ますます地球の資源が少なくなり、地球の温暖化現象が進むばかりである。

私の内《うち》では、朝はいつも食パンを焼いて食べている。その係りを私がしているが、以前はトースターで焼いていた。しかしどうも干《ひ》からびて焼けるので、ガスコンロで焼くことにした。ガスコンロの上に、餅やき用の金網をおいて焼く。するとどんな大きさのパンでも好きな焼き加減で焼けるし、焼いたパンがとてもやわらかい。まるで赤ちゃんのホッペのようだ。

ミルクを沸かすのも、私の役目だが、これもガスコンロでわかす。いつも五十五度くらいにして沸かしていた。二十年くらい前に使った写真現像用の液温計で、百度Cまで計れる。ところが誰かがぶっつけたのか、中の青い液体が切れ切れになってしまった。しかしまだ下の方の液体は繫がっていたので、今もそれを使っているが、大した狂いもなく不思議に使えるのだ。（しかし、その後は、又キレギレになったので、

今は古いブザーを三秒間鳴らしてガスを止めることにしている)

つまり古物趣味と言えるかも知れない。だから今まででもベータ型の古いビデオも使っていたし、同じくソニーのFX-402Aと言う携帯用のカセットテープ・コーダでテレビやFM、SW、MWなどが皆視聴出来る便利なものも現役である。だが古物だけではつまらないから、最新式のデジタルカメラやDVDも使いはじめたが……(その後ベータ型のビデオは使えなくなった)

きれいな道や空間を

さらに青少年や小学生でも出来る良い「与えること」は、幾らでもある。例えば平成十五年四月二十八日の『毎日新聞』には、東久留米市の小学生・五十嵐卓哉君(12)の、こんな投書が載っていた。

『ぼくは、自分の家から学校までのあいだに、たばこが何本おちているのかをしらべました。

ぼくの家から学校までは、15分ぐらいです。ぼくの家のまわりには、たばこが40本ぐらいおちていました。かたまりでたばこがおちているところもありました。学校のちかくの草むらにも、たばこがいっぱいおちていました。

学校の前にきたときは、たばこが３０８本になっていました。ぼくは、たばこを捨てる人がこんなにいるとは、思いませんでした。もし、草むらに火のついたままのたばこがおちたら、火事になるので、たばこをすてるのはやめたほうがいいと思います。』

こうしたタバコの吸い殻拾いでも、「与える心」であって、ただ「拾っている」のではない。何をあたえているかと言うと、人々に「綺麗な道」や「綺麗な空間」を与えている。その上、吸い殻の数が三百八本と数えると言う「算数の勉強」までしたのだから、とても良いことをしたのだ。こうして善いことをすると、善い報いが与え返されるのが「心の法則」だから、決しておろそかにすべきではない。

それ故吸い殻でなくても、カンカラでも、弁当のかすでも、捨てられた物を綺麗にしてあげるのは、「与える心」である。このようなゴミや空き缶拾いでなくても、ただで与えられるものは沢山ある。私が毎日歩いている道路は、とても混んでいて、人とぶつかりそうになることが、たびたびある。そんなときでも、ちょっと道を譲ってあげると、ぶつからなくて、楽にとおれる。

すると時間が遅れるようだが、そうでもない。相手が喜んでくれて、「すみません」などと言われたこともある。青年の男子から言われたこともある。むっつりとして、

「あったりめえよ」とばかりに行く人もあるし、人はさまざまだ。時には自動車に道を譲ってあげて、車の中からお辞儀をされたこともある。

こうしていつの間にか、見知らぬ人とも、「与え合い」の出来た日は、とても気持ちが良くて、「みんな神の子、有り難うございます」と、心から言えるものである。

＊本部＝東京都渋谷区神宮前一―二三―三〇にある、生長の家本部会館。

2 人間の本質とは

しんせつな心

「人間の本質」とは何かという題が出された。何だかやさしいような、難しいようなテーマだが、やさしいところから入って行こう。きっと出口もやさしいに違いない。

まず平成十四年十一月十四日の『産経新聞』に、東京都江戸川区に住む中学生の石塚瞳《ひとみ》さん（15）のこんな投書がのっていた。

『「えりちゃん、もういいよ…もういいから」

私の上履きを、手や顔を真っ赤にしながら友達は洗ってくれました。

私は小学六年の時、いじめにあいました。私は、どんなにつらくても、みんなの前では涙は見せませんでした。そんな私も、一度だけ「えりちゃん」という友達に涙を見せました。

いつもの朝、上履きに履き替えようと下駄箱を見ると、いろんな色のペンキで私の真っ白な上履きが汚されていました。

「貸して、上履き」と後ろから、えりちゃんに言われました。

えりちゃんは冬の朝の冷たい水道水で、私の上履きのペンキを落とし始めたのです。その時、今までつらかったものが一気に涙という形で現れました。

「えりちゃん、もういいよ」

そう私は言い続けました。私の心の中で、悲しみという泥が落とされました。』

友だちの深切な行いで、悲しい心の泥が洗い流されたというお話である。心に泥という物質がつくはずはないが、深切な行いが、人の心を明るくしてくれる経験は、誰にでもあるだろう。こうした深切心は人の持つ〝本当の心〟だから、それをドンドン出していったら、全ての人の心も〝感謝〟という〝本物の心〟になるに違いない。

この石塚さんはまた十二月六日の『讀賣新聞』にも、次のような投書を出しておられた。なかなか活発な表現力のある中学生だと思う。

『「すみません。譲っていただけますか?」。満員電車の中で、か細い声で一人のおばあちゃんが、「優先席」に座っていた女子高生に話しかけました。高校生は本当に寝ているのか、目をつぶって寝たふりをしているのか、おばあちゃんに返事をしませんでした。

「優先席」とはいったい何のためにあるのでしょうか。私は、お年寄りや妊婦さん、体の不自由な人などが混雑している電車の中でも座れるように「空けてある席」だと思います。お年寄りがわざわざ声を掛けて座るような席ではないはずです。そんな席は「優先席」とは言わないと思います。

通学している電車の中で、私は「優先席」のあり方についてよく考えます。そんな小さなこと、と思う人もいるかもしれませんが、毎日感じる、小さなことだからこそ、よく考え直さなくてはいけないのではないかと思っています。』

優先席

今の日本の電車やバスには「優先席」というのがあるが、外国にはほとんどないらしい。しかしなくても老人や身体の不自由な人や妊婦さんなどには、若い人は進んで席をゆずるという話だ。日本には「優先席」があるが、もしかすると昔はなかった。なくても実行してくれたからだ。

私も昔若かったころ、毎日バスに乗って田舎の駅まで通い、そこから汽車通学をしたことがある。そんなころは「優先席」はなかった。汽車はポッポッと煙の出る蒸気機関車で、煙が目にしみて、時どき煤《すす》まで目に飛びこんできた。バスもまるで古い電車のような恰好で、アクセルとチョークがハンドルのすぐそばについていた。人のいい運転手さんが、女の車掌さんと仲よしで、いつも車のダブル・クラッチをふんでいたようだ。

通学生たちは、よほど空《す》いている時以外は、たいてい立っていたものだ。「優先席」で居眠りをしたり、〝寝たふり〟をしたりするようなケシカラン人はいなかったと思う。しかし時の流れと共にバスや列車の機能はずいぶん立派になったが、人の心の方は次第にダラクしたらしく、「優先席」などはあってもなくても、無視されるようになったのは、「本心」をくらましているからである。人間の本質は、「神さま」「仏さま」のようにすばらしいが、それを出そうとしないのだ。だから〝くらましている〟と言う外はない。

では何故「本心」が神さま仏さまかというと、人が死ぬと、神道では神様として神棚や神社にお祭りし、仏教では仏様として礼拝され祀られたりするだろう。これは「人間の本質」が、そんなすばらしい者だということを、大昔から知っていたからに違いないのである。

だから、中学生ばかりではない。もっと若い小学生でも、何が正しくて何が間違っているかを知っている。例えば群馬県高崎市に住んでいる小学生の石田優花ちゃん(7)は、平成十四年十一月十三日の『讀賣新聞』に、こんな投書をしておられた。

『きょう学校のかえりに、白いつえをついた七十さいくらいのおばあさんがえきのかいだんをおりてくるのを見ました。わたしは「あぶないな」と思って、声をかけておりるのを手つだってあげようとしました。

そこへ、あとからおりてきた女子高校生がおばあさんにぶつかって、おばあさんはころんでしまいました。ちかくにいたかいしゃいんのような男の人と、五十さいくらいのおばさんがたすけてあげました。

おばさんが高校生に「あぶないですよ」とちゅういすると、「いいじゃん」と言ってあやまりもせず、行ってしまいました。目の見えない人が一人であるくのもたいへんなのに、かいだんからおとされて、ほんとうにこわかったことだろうと思いました。もっと安心して体のふじゆうな人やお年よりがすごせるようになればいいと思います。わたしもできるだけそういう人のたすけになりたいです。』

良心の声

ここにも高校生が登場して、あやまりもしないで「いいじゃん」と言って逃げて行ったというのだが、高校生がみなこんなにダラクしたというのではない。だからこんな高校生でも、きっと心の中では「はずかしい」とか「悪かった」と思っているに違いないのだ。

それは自分自身のかくれている「本心」が「いけないよ」と咎《とが》めるからである。だから年をとると、皆ダラクする訳ではない。この例のように、ちゃんと転んだおばあさんを助けてあげたり、高校生に注意をしたりする大人がいるのも、人間には「本心」があって、その仏心や神心《かみごころ》が、思わずそうさせるのだ。つまり何もかも悪い悪党などはいないのだが、その「本質」を蔽《おお》いくらましているから、もっとよくないことをして、とうとう処罰されたりするのである。

たとえ処罰されないような場合でも、〝良心〟という「本心」を皆持っているから、それによって自己処罰をする。つまり自分で自分を裁くのだ。するとこの世での人の運命は心で作られてゆくから、自分の運命を悪い方向に作り出してしまう。前にのべたように病気や、災害や、交通事故や、失業や、さらにはもっと不幸な運命を作り出して、「善因が善果を生み、悪因が悪果」を作るという「業の法則」「心の法則」を完成するのである。

だからもし高校生でも誰でも、いくら「いいじゃん」と言ってその場をごまかしても、いくら居眠りをした風をよそおっても、彼らの良心はやがて自己処罰や、その他の方法によって、「本心」の命ずる方へと自覚していくようになるものである。だから少数の高校生、もしくは中学生が、いけない行動をとっていても、それだけで「高校生はもうダメダ」などと思い違いしてはいけない。立派な高校生も、中学生も、そして大人も老人も、一杯いることに注目したいものである。

そのままの心

例えば平成十四年十一月十日に、山口県の吉敷郡阿知須《あじす》町にある生長の家松陰練成道場*で、徳山市新町一に住む福永誠浩《ともひろ》さんという高校生（16）がこんな体験を話して下さったことがある。彼のお母さんは節子さんといって、以前から「生長の家」の信仰を持っておられた。そこで誠浩君も子供のころから「人間は神の子だ」と教えられ、小学生練成会や中学生練成会にも一回ずつ参加したという。

練成会に集った人たちはみな明るくて、とても楽しかった。中でも広場の草刈りや掃除を「ありがとうございます」といってやる感謝行は良かったし、お世話をして下さった高校生の人たちも、やさしくて深切で楽しかった。そこで彼は高校生になってから、平成十四年の夏の高校生の練成会にはぜひ参加しようと思っていたが、部活の試合と重なって行けなかった。そこで小学生練成会のお世話をしようときめて、松陰練成道場へ来たのだった。

するとと第二班の部長を委《まか》され、子供たちにどう接したらよいのかと、緊張して考えた。そして班の目標をきめる時に、楽しい絵を書いたり、楽しい話をすることにした。すると子供たちの目が輝いてきて、すぐ仲良しになれた。で第二班の目標を「楽しく、元気よく」と決めたのである。

二泊三日の練成会だったが、福永君はほとんどの小学生たちと仲良くなれた。女の子とも仲良くなれて、おっかけられたり、引きずられたり、叩かれたりした。そして、

「又こんども来るから、きっとお兄ちゃんも来てね」

と言われた時は、とても嬉しかった。つまり小さい子供たちは皆そのまゝの心を素直に出してくれるし、この心が「本心」である。そしてその心は高校生以上の青年や大人にも喜びを与えてくれ、「本心」を呼び出してくれるのである。

人びとのために

この小学生練成会で、高校生の彼も「自分も皆の役に立ったのだ」と分かり、とても自信が持て、感動した。練成会を終えて、心がきれいになったような気がした。「心

がきれいになる」とはつまり「人間の本質」がより一層現れてきたということに外ならない。

福永君が小学生練成会に行くことが決まってから後で、高校野球の予選大会に彼の高校が出場することになり、その応援にも行ったところ、とても楽しかった。そこで彼はプロ野球を見に行きたいと思い、そのプロ野球を観戦するバスツアーに申し込もうと思っていたが、丁度その日が前にのべた小学生練成会の日と重なってしまったので、バスツアーの方はダメになってしまったのである。

そこで福永君はプロ野球ツアーよりも小学生練成会の方を選んだのだが、その後しばらくすると彼の父の健一さんが、広島対巨人戦のチケットを友人からもらってくれたので、それを観に行って、とても面白かった。これで彼の「プロ野球を見たい」という念願も、小学生練成会の運営に参加したいという思いも、両方が叶ったのだ。その上小学生練成会に参加した子供の母親から、「うちの子が、あなたを尊敬している」と言われて、さらに嬉しかったということである。

このように、人のために良いことをすると、自分だけの楽しみに限るの以上に、楽しいことが重なって、ますます明るい人生を送ることが出来るものだ。だから自分の行動を、自己中心的に限ってはいけない。常に心を大きく開いて、人のため、世の中のため、国のため、人類のために何がよいのか……と考えて行動することがとても大切である。

さらに地球環境のことまで考えると、身近なことでも出来ることはいくらでもあることに気がつくだろう。例えば平成十四年十一月二十九日の『讀賣新聞』には、こんな投書がのっていた。

『　　　　　　中学生　徳宿恵理子　15（茨城県東茨城郡）

「環境を考慮してレジ袋は断って」という投書（16日）を読んでハッとした。このオーストラリアからの留学生の投書は、日本のコンビニエンスストアは便利だけれど、レジ袋が過剰に使われているという内容だった。環境にマイナスの影響を与えているので、コンビニをよく利用する若者にこそ、「レジ袋は必要ない」と言えるようになってほしいと訴えていた。

日本人として日本という国を客観的に見るのは難しいが、外国人の目には、環境問題に関心のない国と映るようだ。そう思われないためにも、私たちはレジ袋一つにも気を使いたい。外国の人から「日本は便利で自然環境を大切にする国だね」と言われるようになりたい。』

ムダな空箱や上げ底の商品、何重にも袋や箱に入った商品など作らず、なるべく買わないことも、資源の保護になるに違いないのである。

＊松陰練成道場＝山口県吉敷郡阿知須町大平山一一三四にある、生長の家の練成道場。

3　笑顔のちから

ピエロ

生れたての赤ちゃんは、メッタに笑わないが、しばらくすると、親の顔を見て、ニッコリ笑うことがある。すると父母もその他の大人たちは皆よろこぶのである。さっき「メッタに笑わない」と書いたが、全ての赤ちゃんを見たわけではないし、中には生まれてすぐ「天上天下唯我独尊《てんじょうてんげゆいがどくそん》」と叫んだというお釈迦さまのお話も伝わっているから、こう書いたのだ。（別に日本語で叫んだのではないが）

笑うという動作は、〝笑顔〟というように、顔の表情だから、多分人間だけにできることだろう。うれしい時、犬も尻尾を振るが、これは〝笑顔〟とは言わない。けれども彼（又は彼女）が〝喜んでいる〟ということは、充分伝わってくる。人も幼いころは、その喜びを〝全身〟であらわすから、跳《と》んだり跳《は》ねたりする。だいぶ大きくなっても、それをやる。その時は多分〃笑顔〃もくっついているだろう。

するとその「喜び」は、相手にも、周囲の人たちにも伝わって、世の中を明るくするのである。世の中を明るくする行為はスバラシイ。人を困らせたり、悲しませたりする行為よりも、よっぽど立派だと思う。これは〃笑顔〃のちからの拡大であり、そうした役割を〃専門に〃やるピエロという役者まで出来た。

すると彼らは、いつも喜んでやっているわけではないから、皆が皆でピエロになっては具合がわるい。ピエロはもともとパントマイムという無言劇から出来た役割だから、声を出さないで、表情だけで表現する。どうしても大袈裟になりやすく、不自然になる。それに大声が加わると、周囲の人びとに迷惑になるから、「これもスバラシイ」とは言えないようである。

だから〃笑顔〃は、丁度「中くらい」がよろしい。しかし多くの場合は〃少なすぎる〃のである。朝のあいさつでも、午後のあいさつでも、ちっとも〃笑顔〃が見られないと、人びとの生活は暗くなる。だからなるべくあいさつにも〃笑顔〃や「ありがとう」の言葉がくっついた方が良いようである。

電車や病院で

平成十五年十月三十一日の『毎日新聞』には、東京都中野区の中学生、内山和恵さん（14）の、こんな投書が載っていた。

『先日、私は次のような光景を目にしました。学校帰りの電車の中で友達と座りながらしゃべっていると、急に電車が動きだしたからなのか、一人のおばあさんが床に倒れてしまいました。私は驚きのあまり何もできず、ただ、ぼんやりと見ていました。しかし、周りにいた数人の人たちはすぐかけつけ、「大丈夫ですか」と手を差し伸べて、いたわりながら席を空けていました。

私はこの光景を見て、人をいたわる心、助け合う心の大切さを感じました。また、それと同時に、今の日本に足りないものも、この心ではないかと思いました。

現在の日本を飛び交うニュースといえば、残酷で悲惨なものばかりです。相手を思いやる優しい心さえあれば、こんな悲しいことばかり起きないはずです。自己中心的な考えは捨て、相手をいたわり、助け合う心を持つことが大切だと思います。

その心があれば、日本が平和に、そして、世界が平和になるのではないでしょうか。』

このおばあさんが、助けてくれた人たちに「ありがとう」とか〝笑顔〟で応えたということは書いてないが、多分そうされたのだろう。私もいつかＪＲの山手線に乗った時、一人の男性から席をゆずられた。その途端、急に電車が動き出したので、フラツイて倒れかけたが、幸いなことに近くに立っていた金属性の柱につかまったので、床に倒れずにすんだことがあった。

その時私に席をゆずって下さった人が近くにいて、その人にぶつかってしまった。「失礼しました」か「すみません」とか、どっちかを言って、〝笑顔〟をつけ足して腰掛けたが、青少年の諸君はめったに倒れたりすることはないだろう。しかしもし誰かに迷惑を与えたとか、肩がぶつかったとかした時は、〝笑顔〟で何か一言あいさつをすると、とても良い気分になる。相手も、こちらも両方が気持ちよくて、平和な雰囲気になるものである。

よく「平和」とか「反対」とか叫ぶ人たちもいるが、そこに〝笑顔〟があるかないかで、その運動が「本当の平和」をもたらすかどうかが決まるものである。〝怒った顔〟の集合した「平和」などありえないからだ。さらに又平成十五年十月四日の『産経新聞』には、千葉県市原市の土岐文恵さん（25）の、こんな投書が載っていた。

『一年間、スコットランドの老人ホームでボランティアをしたことがある。その施設には一人、末期がんの女性患者がいた。彼女は頻繁にナースコールを押し、私が部屋に駆けつけると、大きなため息をつき、ほかの人を呼んでくれと言う。

私自身、認めてもらえないと悲しくなったりもした。それでも無理をせず、自分ができることを誠実にできるだけ笑顔を心掛けた。

ある日、彼女が私に「あなたは笑顔でとても辛抱強いのね」と言ってくれた。日本でのボランティア体験がなかった私にとって、言葉や文化の違いに戸惑い、しかも外国人という立場で仕事をこなすには、つらい思いをすることもあった。そんななかで、私をじっと見つめ笑顔で言葉をかけてくれたのが何よりうれしかった。

ボランティアを終え、私は看護師を目指す決意をした。厳しい仕事だろうが、一つ一つ着実に乗り越えていきたいと思う。』

この老人のガン患者さんは、末期だからいつも死と直面して、つらい思いをしていたのだろう。きっと〝笑顔〟なんか、とうにどこかへ置き忘れていたに違いない。その女性患者から「別の人を呼んでくれ」と要求されるのは、土岐さんにとってもつらかったことだろう。しかし、ついに彼女の〝笑顔〟が認められて、その〝笑顔〟と辛抱強さが誉められたのだ。こうして「看護師になろう」という決心が固まったのである。

実相を見ること

人は誰でも何かの困難に突き当るものだ。それがすぐ乗り越えられなくても、何回失敗しても、〝笑顔〟を忘れず努力していると、必ず乗り越えられて、とても幸せになるものだ。時には、「自分にだけどうしてこんな困難な問題が起るのだろう」と思う時があるかも知れない。そんな時のことが谷口大聖師*のご本『聖経版 真理の吟唱』の中の三〇六頁に、こう記されている。

『(前略) 実相の完全さを見つめようとしても、現象の不完全さがあまりにも烈《はげ》しいので、実相を見つめることがむつかしいと言ってはならない。それはあたかも「高跳び競技」と同じようなものである。高く跳躍《ちょうやく》する力がある者に対するほど、高く綱は張られるのである。「現象の不完全さ」の綱の高さが高いのは、あなたが、「現象」を超えて「実相の完全さ」を見つめ得る魂の力が、ほとんどその点まで高まっているから、やや困難な高さまで綱が張られているのである。勇気を鼓《こ》し、自信を強めて、相手の現象の不完全さを跳び超えて、相手の実相の完全さを見よ。相手はあなたの魂を一層高く跳躍せしめるための観世音菩薩の方便身《ほうべんしん》であるのである。相手の欠点を見ず、相手を礼拝し、相手に感謝せよ。相手の完全さは必ず顕われるであろう。』

小学生の、試験問題には、その学年にふさわしい問題が出てくる。中学生が高校に入学しようとすると、それにふさわしい入学試験が行われ、決して小学生向きのやさしい問題が出されるものではない。こうして私達の周囲にある全ての人や物や事は、あなた自身の魂の進歩に一番ふさわしい問題を出してくれる「人生学校」の先生である。だからこれを、「観世音菩薩」というのである。

沢山の先生がいる

この「人生学校」では、周囲の全てが皆先生だ。赤ん坊でも、父母や他人の見知らぬ人たちも、立ち寄った店の店員さんでも、みなその時の〝先生〟である。その他の木や動物や石ころ一つにいたるまで、地球全体が何かを教えてくれている。

とにかくこの「人生学校」では、いつも〝笑顔〟をたやさないことが、とても大切な課題だから、「大いに喜びなさい」と、全ての人や物や事が教えてくれていると言える。もちろん、色々な投書や論説も教えてくれるが、平成十五年十一月二十七日の『毎日新聞』には、神奈川県逗子《ずし》市の長谷川桂子さん（55）のこんな文章がのっていた。

《9日本欄「『ご飯多ければ残せ』という店」を読みました。私も時々行くおそば屋に「カツ丼とうどん半盛り」があります。注文して、まず具を全部食べます。ご飯はそっくり持参のプラスチック容器に入れ、うどんは全部食べます。もし店員が見たらニッコリ笑います。ご飯は夕食のオジヤになります。

別のレストランではロールパンが2個出ますが1個はティッシュペーパーに包みます。帰りは店員さんに「おいしかったわ。ごちそうさま」と、とびきりの笑顔で「またね」と言って帰ります。

外国では「犬にやるから」との専用の箱があるとか聞きましたが、日本では持ち帰りです。また、冷蔵庫の内容を見ながら買い物をしても、ご飯は時々余るので、しょうゆをまぶしてアルミはくでこんがり焼いたオニギリにして、あっというまに食べてしまいます。

祖母がいつも言っていた「コンニチ様に申しわけない」の精神、「今、生きていられることは皆のお陰。ありがたい」の気持ちで暮らしています。》

この一文でも、「ニッコリ笑うこと」のスバラシサも教えてくれるが、その他にも「食物を大切にすること」も教えてくれている。たしかに今は食料事情が良くなったので、食物でもジュースでも、何でもいいかげんに食べて、あとは捨てたり、そこへ残したりする人が多くなった。けれども昔の戦争時代は、皆の食料が足らなくて、カボチャを植えてごはん代りにしたりしたものである。だから今もゼヒ残さないで、持ち帰るくらいのことを実行してもらいたい。さらに人や物や事に「愛」や「感謝」を示していると、こんな事も起ってくるものである。『讀賣新聞』の平成十五年十一月三十日にのった東京都府中市の関根まさ子さん（73）の投書であるが――

『二年前の敬老の日、近くにいる孫娘から「何かプレゼントしたい」と言われて、鍋をもらうことにした。近くのスーパーに、キッチン用品を売る個人経営の店があり、一緒に行った。迷うことなく孫が勧めてくれたすてきな赤いホウロウ鍋に決めた。

　しかし、店にはだれもいない。鍋を持ってうろうろしていると、スーパーの店員が「この店の主人は時々いなくなるんですよ」と言って、店内放送で呼び出してくれた。それでも一向に戻ってこない。仕方がないので、この店で買うことをあきらめ、スーパーのキッチンコーナーで、別の鍋を買い求めた。

　レジで代金を払っていると、ようやく主人が戻ってきた。

　孫娘が「敬老の日にプレゼントしようと思って長い時間待っていたんです」と言った。すると、主人は「この赤い鍋をプレゼントさせてください」と答えた。私たちはびっくり。お断りして帰ろうとすると、追い掛けるようにして、「ぜひ受け取って欲しい」と熱心に言う。結局、お受けすることにした。

　戸惑いながらもうれしそうに「どうもありがとうございます」と言う孫娘。私もお礼を言って店を出た。いっぺんに二つの鍋をプレゼントされ、幸せな敬老の日となった。』

　こんな時は、きっと孫娘さんも、まさ子さん自身も、お店の主人公も、皆が明るい〝笑顔〟でお別れしたことであろう。

＊谷口大聖師＝谷口雅春先生のこと。

V 父母はありがたい

1　友人にも伝えよう

さびたナイフ

近ごろキレル子供や生徒がふえて来たと言われる。あの子は頭がキレルというと、頭がよく働く、〝かしこい〟という意味になるが、最近のキレルは、すぐカーッとなって、暴力的になるというような意味だし、時には無分別な行動に走って、自殺にまでいたる場合もある。だから、〝さびたナイフ〟のようにキレナイ方がよい。

ところで幼少年時代は、なるべく早くから何かの訓練をすると、その才能がすばらしく伸びるというので、早《そう》教育がさかんである。音楽や数学や、語学などもそうだし、碁も将棋もずいぶん早くから訓練され、年の若い名人や達人《たつじん》が出てくるようになった。これは大変すばらしい現象だが、平成十年十一月二十五日の『讀賣新聞』には、次のような記事がのっていた。

『プロ棋士を夢見ながら器物損壊罪で起訴された男が、日本将棋連盟の本部がある「将棋会館」（東京・千駄ヶ谷）に放火していたことを認め、警視庁高島平署と原宿署の共同捜査本部から二十四日、現住建造物等放火などの疑いで東京地検に追送検された。

追送検されたのは、東京都板橋区赤塚三、無職中村信夫被告（21）。

今年八月三十日夕、同会館地下のソファに油をしみ込ませてライターで火をつけ、天井や壁を約十平方《メートル》焼いたほか、同じ日に会館内や隣のビルの階段踊り場に火をつけようとした疑いを持たれている。先月十二日、板橋区内でごみなどに火をつけた器物損壊容疑で逮捕されていた。

中村被告はアマ四段の実力で、成績優秀者はプロ養成機関「奨励会」に編入できる「研修会」に入会していたが、奨励会入会の年齢制限（十九歳）を超えており、プロの道は閉ざされていた。研修会は小学高学年から中学生ばかりで、二十歳代は中村被告だけ。将棋を本格的に始めたのが十代後半と遅く、年下相手に敗れることも多かった。

また、同連盟では成績優秀者に対局料が無料になる会館優待券を渡しているが、中村被告はこれを事務所から持ち出して使っていたことが発覚。〝処分〟を受けることになっていた。中村被告は「思うように将棋が指せず、イライラしていた。実力が伸びることは期待できなかったし、出入り禁止の扱いを受けると知ったので腹が立った。

将棋会館がなくなってしまえばよかった」と供述している。』

行き詰らない

私はかつて『行き詰りはない』*という本を出したが、この中村君はどうも「行き詰った」と思ったらしい。事実プロの棋士を養成する「奨励会」では十九歳という年齢制限を越えたし、年下の人達にも負けるようになったから、その範囲内では「行き詰った」と思ったのだろう。しかしこれは仮の行き詰りであって、そんな所はどこにでもある。

だが人間の活躍舞台は広々としているから、頭のキレル子は、どこで何をしても、その才能はのびる。頭が悪いと思っていても、それはニセモノの現象で、注意力を集中させる訓練（例えば「神想観」）を毎日やっていると、メキメキと才能が出る。その証拠に、子供たちはみな三歳ぐらいになると、母国語がスラスラと話せるようになるだろう。これはひとえに、

「難《むずか》しい大人のコトバを注意して聞いているから」

である。子供たちの聞く母国語の中には、難しくて意味の分からない所がウンと出てくるが、子供たちは決してそれをいやがらない。注意していないふりをして、注意

して聞いているから、やがて自然に分かるようになるのである。

ただし、数回聞いただけではダメで、何回も何回も聞く必要がある。するとやがて分かりだす。これは何の訓練でもそうなのであって、心配いらないことだ。勿論《もちろん》「神想観」でも、はじめはよく分からなくても、何でもよいから大人たちについて一緒にやっているうちに、次第に神様の世界のすばらしさが分かってきて、面白くてたのしくて止められないようになる。

ところで中村君は、この仮の行き詰りを、方向転換とか、やり直しとか、別の分野に目を向けることをしないうちに、どうやらキレテしまったらしく、将棋会館に火をつけてしまった。腹立ちまぎれだろうが、よく冷静になって考えたら、頭のよい彼のことだから、まいた油をふきとるだけですんだ。つまりよい友人がいて、

「人生に行き詰りはないよ」

と教えてあげなかったからでもあろう。そのようなわけで、「行き詰った」と思ったら、親か誰か知人か友人に相談したらよいのだ。丁度道に迷ったと気がついたら、近くの誰かに聞くとよいようなものだ。全ての人はみな「神の子」で、良心があるし、深切心もある。だからきっと何か教えてくれるはずである。

だからこういう時、よいことを教えてくれる親がいる人はとても幸せである。又よ

い友人を持っていると、とても幸せだ。ことにその友人が生長の家の「人間・神の子・無限力」を知り、「行き詰りはないよ」と教えてくれる友人だったら、彼の行動はクラッと一変して、すばらしい〝天才への道〟を歩みはじめたに違いないのである。

業の法則

このことは、逆に生長の家の若者は、できるだけ友人に、この「無限力」のことや、「自己限定をするな」「人は永遠に生き続ける」ということを伝えたらよい――ということを物語っている。生長の家の話を伝えるのに遠慮してはいけない。一回、二回ことわられても、又しばらくして伝えたらよい。あなたの友人は永い人生の歩みの中で、いつかは、

「あの友人が教えてくれた生長の家という所へ行ってみようか」

と思い出すに違いない。何故《なぜ》なら、人は皆神の子・人間だから、本当は自分が神の子・人間だと知りたいのだ。日本人なら、日本という国が知りたいし、行ってみたいと思うだろう。見たことのない父母がどこかにいる――と知ると、ぜひ会いたいと思うようなものである。

しかし中には「まだ自分は生長の家をよく知らないから」と思って、伝えることを

遠慮する人がいる。けれどもこの遠慮は、本当はいらないことだ。何故なら、山に登った時など、要所に「立て札」が立っていて、こっちへ行ったら○○峠に行ける、あっちの道は△△谷だなどと書いてあるだろう。それ以外のくわしいことは書いてない。書いてなくても、とにかく○○峠に行きたい人は「立て札」通りこっちへ行くし、△△谷へ行きたい人はあっちへ行くのである。

そして又「立て札」君は、何も知っているわけではない。だがとても大切な「人助け」をして、多くの人々の行く道案内をしてくれるのだ。その立て札の役をするのがあなただ。立て札の場合は、そのまま素直に人助けをしているのに、友人関係にある人間に限って「人助けを遠慮する」のは一体どういうわけだろう。

これは友人に対して、あまりにも冷たい態度ではないだろうか。

「よくは分からないが、一緒に行ってみようか」

というくらいの温かさがあってもよい。こうして少しでも友人に「よい方向」を選んでもらうことは、あなたの善行にもつながるのである。だがその反対に、「間違った道」に案内しては、悪いことになってしまう。山の中の立て札が、逆方向に向いているようなものだ。私の少年時代には、よく旧制の高校生が、夜半に店の看板をつけかえたり、名札を取りかえたりしたことがあったが、こんなイタズラは、本当はいけないのだ。

山の中の立て札だと、もし逆方向についていると、人の命をうばうことにもなり、その犯人は大きな悪業《あくごう》をつむことになる。しかし善業を積むと、必ずよい報いがかえってくるのも「業の法則」なのである。宗教の場合、もしインチキの教えにさそったりすると、とんでもない不幸になる人が出てくるから、注意しなくてはならないが、あなたが毎日「神想観」をし、神様のおつくりになった「円満完全世界」を心に描く練習をしている限り、こんな間違いはしないものである。

体調をくずした時

けれども人によると、友人には中々信仰のことは言いにくいという人もいる。それは人間のすばらしさを知らないからであるが、時には自分自身に劣等感を持っていて、あの友人は自分よりすぐれている、だから私はダメなんだ、と思う時だ。しかし相手がすぐれているのは勉強のことだったり、外から見た恰好《かっこう》よさだったりするだけで、中味のすばらしさは、実は「何をどう信ずるか」をいうことなのである。

その上あなたは「神の子・人間」を知ったのであり、〝生き通しのいのち〟が分かったのだから、実にすばらしい。外見に引っかかってはいけない。もし友人に対して劣等感を持ったりしていると、それはもう友人関係ではないといってもよい。あなたはこんな主従の関係に落ちていてよいのだろうか。

そんなことはないだろう。人間は神の子で、皆人格は平等だということを思い出してもらいたい。そして親や信仰の先輩に相談して、その「愛」や「信仰」に勇気づけられることが大切だ。信仰は孤立していると、その活力を失うからである。

たとえば佐賀県の山内町《やまうちちょう》宮野というところに住んでいる浅井なお子さん（昭和五十三年五月生まれ）は、平成十年十一月の全国青年練成会で、こんな話をしておられた。彼女は幼いころから姉さん（のぶ子さん）に対して劣等感を持っていたという。こうした劣等感は、なるべく早い段階でキレイサッパリなくさないと、何かと困ることが起る。なお子さんの場合は、小学校六年生の時に妹が生まれた。その時律子さんというお母さんは「生長の家」を知っておられて、

「なお子もこんな風に皆の祝福をうけて生まれて来たのよ」

と教えて下さった。そのコトバによってなお子さんはパッと明るくなった。それから数年たって高校に入ったが、環境の変化から生活も変わってきた。表面では友達と仲よく、楽しくやっているようでも、何か満足できないものがある。だからいつも憂《ゆう》鬱《うつ》で、目標も目的もないような毎日だった。

そんなことから彼女は、学校をさぼるようになってしまった。そして高校三年生の秋に、体調を崩《くず》して入院した。するとお母さんは初めて彼女に、

「『甘露の法雨』を読みなさい」

といって、聖経を渡して下さったのである。なお子さんがこの聖経を読んでいくうちに、何故か涙が出て止まらなくなった。その時の彼女には『大調和の神示』がとても印象的で、今まで父母に感謝が足りなかったことや、母の深い愛が分かっていなかったと反省し、両親におわびする気持で、胸が一杯になったのである。

母の手紙と感謝

そして母は聖経と共に、なお子さんに一枚の手紙を下さった。母からもらう初めての手紙だった。

「なお子ちゃん。私はあなたをすばらしい娘だと思っています。胸を張って、誰よりも素直でやさしい子だと、皆の前で言えます。母さんはあなたたちが、本当にお父さんとお母さんの子供に生まれてきてくれたことを、心から誇りに思います。今あなたは、これからの新しいスタートのために、今一つ乗り越えるべき壁にぶつかっているのです。あなた自身が一番つらいでしょうが、皆見守っています。あなたが今以上に

すばらしくなるために、神さまがお与え下さった試練なのだから、何も心配することはありません。きっと退院したら、あなたの新しい人生が始まります。何か困ったことがあれば、すぐに言って下さい。お姉ちゃんもいますからね」

なお子さんには母の思いが心に強く感ぜられ、それから毎晩聖経を読むようになった。そして自分の変わった姿を見てもらおうと思い、約一ヵ月間の入院生活をおえ、母と共に自宅に帰った。すると何もかもが輝いて見えた。庭に咲いている花も、美しく輝いていた。両親に感謝すると、こんなにも生きていることがすばらしいか、を感じてとても嬉しかった。そして父と母とに心からあやまったのである。

しかしそれからも、お友達がどんどん進学先を決定して行く中で、ただ一人中々きめられずに悩んでいた。するとその時も母が、以前勤めておられた佐賀県の教化部を紹介して下さったので、平成九年六月からなお子さんも、教化部の職員となり、以後毎日が感動の連続だった。つまり教えを受けるばかりではなく、伝えることのお手伝いができるようになったからである。ことにこの職場は、青年や友人ばかりではなく、全ての人々に対して伝道する手助けになるのだから、もはや劣等感の居場所はどこにもない。喜び一杯の生活の場にいるのだということができた。

だからなお子さんは、この全国青年練成会のとき、最後に父母への感謝の言葉を述

べて、

「練成をうける中で、子供が両親を選んで生まれて来るのだということを聞き、今まで祝ってもらうのが当り前だと思っていた私の誕生日には、逆に私が両親に感謝の気持を伝える絶好の機会だということに気付き、私の二十歳の誕生日に父と母に、『この世に私を誕生させて下さって、有難うございます』と、感謝の気持を伝えることができました。父の目にも母の目にも涙が浮かんでいました」

と話しておられたのであった。

＊『行き詰りはない』＝谷口清超著。（日本教文社刊）

2　父母はありがたい

神の子・人間

人がこの世に生まれてくる時には、とても大切な条件が必要である。それは父と母とがおられたということだ。だからどんな人にも、父と母とがいる。これは要《い》るという意味もふくまれた言葉だ。植物には、挿《さ》し木をして殖《ふ》えたものもあるが、やはりメシベにオシベの花粉がくっついて実になって殖える。

人でも、イエス様は、マリヤ様という母だけで生まれたよという人もいるが、まだそのたしかな証拠をみつけた人はいない。〝聖書〟にそう書いてあるだけだ。例えばマタイ伝第一章にはこう書かれている。

『イエス・キリストの誕生は左《さ》のごとし。その母マリヤ、ヨセフと許嫁《いいなずけ》したるのみにて、未《いま》だ偕《とも》にならざりしに、聖霊によりて孕《みごも》り、その孕りたること顕《あらわ》れたり。夫《おっと》ヨセフは正しき人にして之《これ》を公然《おおやけ》にするを好まず、私《ひそか》に離縁せんと思う。斯《かく》て、これらの事を思い回《めぐ》らしおるとき、視《み》よ、主《しゅ》の使《つかい》、夢に現れて言う「ダビデの子ヨセフよ、妻マリヤを納《い》るる事を恐《おそ》るな。その胎《はら》に宿る者は聖霊によるなり。かれ子を生まん、汝《なんじ》その名をイエスと名づくべし」（中略）之《これ》を釈《と》けば、神われらと偕《とも》に在《いま》すという意《こころ》なり。ヨセフ寐《ねむり》より起き、主の使の命ぜし如《ごと》くして妻を納《い》れたり。（後略）』

この省略した所には、預言者《よげんしゃ》がかつて「処女《しょじょ》がみごもって子を生む、その名はインマヌエルと称《たた》えられる」と預言したことがあったと書かれているが、インマヌエルとは、「汚《けが》れなきもの」という意味で、神聖受胎、即《すなわ》ち神の子だということである。

だからこうした聖書の言葉によっても、〝夢〟や〝預言〟が記《しる》されているだけであり、現実にマリヤ様だけで生まれたという科学的な根拠はない。しかし、人間はイエス様だけではなく、全ての人々が、みな神の子であり、神聖受胎だというのが正しいのであって、この点を大聖師は『聖経版 真理の吟唱』（一四六、七頁）の中で、次のように説かれている。

最高級の道具

《キリストは「肉より生まるる者は肉なり、霊より生まるる者は霊なり」と教えているのである。仏典の伝うるところによれば、釈尊は女の子宮から生まれたのではなかった。兜率天《とそつてん》にましました魂が麻耶夫人《まやぶにん》に降下したのである。聖書の説くところによれば、イエスは天の使いが神界《しんかい》より〝神の子〟の魂を携《たずさ》えきたって処女マリヤの胎《たい》中《ちゅう》に授《さず》けたのである。それは神話でも何でもよい。人が〝神の子〟であるという自覚を得《う》るためには、物質的証拠のみを求める科学の世界から出発して、神話の世界に勇《ゆう》敢《かん》に歩み出さなければならないのである。『生命の實相』の聖典には「人間は未だ嘗《かつ》て女の子宮から生まれたことはない」と示されているのである。子宮から生まれたように見えても、それは子宮から生まれたのではなくして、神界より天降《あまくだ》った〝神の子〟の霊が、しばらく子宮に滞在したのであって、子宮から生まれたのではなく、子宮に滞在して、母親から物質的栄養の補給を受けてその栄養を資材として地上に誕生したのである。肉体は〝神の子〟の霊が営む生活訓練の被服であり道具であるにすぎないのである。》

つまり人間は「神の子」であるが、それは肉体人間のことではなく、肉体は「神の子」の霊が使う道具だ。父母はその道具を作って与えて下さっているということである。

人は誰でも沢山の道具を使って仕事をしたり、遊んだりする。まずシャツを着て、服を着て、靴をはいて、歩き回るだろう。時には自転車やバイクなども使う。食事をするにも箸《はし》やナイフを使う。テレビやラジオも使い、近ごろはケータイが大はやりだ。中にはなくてもよいようなものもあるが、どうしても肉体がないと暮らせない。だから肉体は、私たちが地上生活をするために、なくてはならぬ道具である。だからこれを下さった父母には、まず第一に感謝するのが当り前であろう。

しかもその「肉体」は、私たちの魂の生長に一番ふさわしいようなものを与えて下さっている。それは子供が勉強するには、その子供にふさわしい大きさの椅子や机がいるし、服やシャツやズボンでも、ダブダブでは動きにくい。小さすぎても入らない。だから私達の肉体も、その魂（霊）が使うのに一番ふさわしいものを下さっている。その上、その肉体は、年とるにつれて「自動的に大きく立派になる」ようにできているのだから、まず〝最高級の道具〟といってよいだろう。

例えば人がヴァイオリンを習いはじめるころ、小さい子供ならば十分の一、八分の一、四分の一などの大きさのヴァイオリンを使って習いだす。しかしヴァイオリンが次第《しだい》に大きく「成長してくれる」などということはない。どうしても買い替えなくてはならない。ピアノだと、小さい子でも大きいピアノで習うが、足がペダルにとどかないし、指も小さくて、音階を弾くのが大変難《むずか》しい。

もし「成長するピアノ」でも発明したら、たちまち世界中にその人の名声がとどろき渡るだろう。

大金持のはず

だから、人は誰でも父母となると、たちまち有名になったり、大金持になるはずだが、現実はそうではない。中には「子供はいらない」などという変な考えの人もいる。何故《なぜ》かときくと、教育にお金がかかるからとか何とか言うが、この肉体はどんな肉体でも「何億兆円」出しても買えないものだ。それを自分も持ち、子供にも持たせた父母は、本当をいうと世界的な大金持である。

その父母が、とても節約して暮らしておられるのは、全くすばらしい「地球資源の愛護者」であり、あらゆるものや生物の〝恩人〟だということになるのである。だから子供たちは、その父母に心の底から感謝するのが当り前だが、中には不平をいう子もいる。「もっと美しく生んでもらいたかった」とか、「もっと頭がよく生んでくれないから困るんだ」などという。時には「父母の遺伝子のせいで、こんな形になってしまった」といって、うらむ子供もいる。

これは全く見当違いの逆《さか》うらみだ。遺伝子というのは、肉体という道具の〝設計図〟のようなもので、その内容はまだ充分判《わか》ってはいない。だから世界中で研究中であり、アメリカ政府は、その結果を公表するといっている。何しろ難しい暗号で書かれている。しかもこの〝設計図〟は、父母のものとてもよく似ている。父と母との設計図を分け持ったようなもので、あなたには最もふさわしい道具の設計図なのだ。

というのは、人の魂（霊）がどこに生まれて来て、どの設計図の肉体を使うかは、その人の魂の生長の具合とピッタリ合った道具を作ってくれる父母のところに、これも〝自働的に〟生まれてくるようになっているからである。これは「親和の法則」「親和律」とか、「類を以《もっ》て集まる法則」あるいはフラクタルとも言われている。丁度人が学校に入学するのでも、ちょうどその人の生長の状況に一番ピッタリした学校に入学するようなものだ。そこへ自働的に、オートメーションで生まれてくる。そしてその父母のもとで、先《ま》ず早教育をうけるのである。

よく人は教育は学校でうけるものと思っているが、それよりずっと以前から、父母の家庭で教育される。さらに母親のお腹《なか》の中にいる胎児のころから、教育をされているのだ。だからそこでよい音楽を聞いた子は、音楽家として才能を伸ばすのがとても楽である。父母がよく画を見たり描いたりしている人の子供には、その教育がすでに伝わっているのだ。

例えばゲーテという有名な天才的詩人の作家がいるが、ゲーテさんは法律を学び、その上『若きヴェルテルの悩み』というような小説を書いた。政治をやったことがあり、解剖学や地質や動植物の研究もした。「ファウスト」の作者としても有名だ。このゲーテさんの父カスパルさんは十八世紀では最高の教育を受けた人だ。法律を学び、法学博士ともなったのである。

このカスパル夫妻が有名なヨハン・ヴォルフガング・ゲーテを、難産の末産《う》んだ。全部で六人の子供が生まれたが、兄妹二人だけが生き残った。父母はこの二人の子にはとても気を使って教育をしてくれたという。幼いころから父は文章を教えてくれ、家庭教師もつけてくれた。こうしてあらゆる学問の基礎を教えて下さったのである。

立派な父母

これはどんな分野で大活躍している人でも共通して、早くから立派な父母によって教育されている。しかもその父母に、もし子供が反発していては、子どもの能力はのびないのだ。ことに母が父とあらそって、父の悪口を〝教えている〟ような家庭では、折角の才能がのびて来ない。それどころかすぐカッとなったり、キレて暴力をふるったりするようになりやすい。

有名なオーストリアの精神分析の大家フロイト博士も、父母から愛され、それを彼自身も感謝していたという話だ。父はヤコブ・フロイトといったが、明らかに「光明思想」の持主で、しかもユダヤ人だった。母のアマーリエはヤコブの後妻さんになった人で、夫とはだいぶ年がちがったが、やはり明るい美人だった。

このご夫婦は長男（ジークムント・フロイト博士）の他に七人、合計して八人の子供を生んだ。フロイトの生まれたころは父の商売がうまく行かず、反ユダヤ運動なども起っていたが、それでも明るい家庭だったというから、ありがたい話ではないか。彼（ジークムント）はよくできたので九歳のとき、一年早くギムナジウムに入学した。彼は父母から愛されていて、よく勉強した。しかも妹たちの勉強もみてあげたそうだ。オシャレだったとも言われている。

そもそも日本人に生まれるとか、ユダヤ人やアメリカ人に生まれるとか、人はいろいろの国に生まれてくる。これらの先進国に生まれる人はまだ幸せになりやすいが、とても条件の悪い国に生まれた子供は、その運命をうらんだり、憎んだりするかも知れない。しかしやはりその国がその子に一番よい「人生学校」だったから、そこに入学したのである。

ユダヤ人でも、ヒットラー時代に生まれた子はひどい目にあったのが多かった。同じ人種でも、その当時はユダヤ人の国はどこにもなかった。だから、今のイスラエルに生まれて来たり、その国に移住したりした人とはちがって、不幸だったといえるかも知れない。しかしそんな所でも、とても大切な「国のありがたさ」を教えられたのである。

だから今でもイスラエルという小さな面積の国で、周囲の国々とうまく和平が保たれていないような国民でも、その国のありがたさをイヤというほど教えられ、その国をまもろうとしているのだ。ところが日本のような国に生まれて来ていても、ちっとも国のありがたさを知らず、国のためにならないようなことをしたり、外国へ行って「あんな行儀の悪い日本人はいやだな」と思われたりする人もいる。

これでは「国のありがたさ」が教えられていないから、次に生まれ変わって出てくる時は、それを教えてくれる国ということになる。この世という「人生大学」は、色々のことを教えてくれる所であり、国を大切に思うと同時に、世界の他の国々も、夫々《それぞれ》の国民が大切な国として感謝し、愛したりしているところだから、やはり尊敬してあげ、他国の人々の心を傷つけてはいけないのである。

明るい未来がくる

これは幼いころから父と母も教えてくれている。時には父のない子や、母が行方不明という子もいるだろう。ないといっても、本当はどこかにいらっしゃるのだが、そのことは、その子に「いつも父母がいて下さる」人はありがたいのだということを教えているのである。そしてその「見えない父母」にも感謝していると、その子の運命はずんずんよくなっていくものだ。

そして同じ国や職場にいても、とても幸せな家庭を持つことができ、「人生大学」を優秀な成績で進学し、ついには〝卒業〟ということになる。ところが、「人生大学」は卒業しっぱなしではない。次の人生、さらにその後の人生と、かぎりなく続く。この話はすでにしたから、ここにはもう繰り返さない。

そこでもやはり、明るく「神の子・人間」を信じ、父母に感謝し、その国を愛し、周囲の多くの人々や生き物、さらにはいのちのないような物や姿にも「ありがとう」という心を持ち、その愛と智慧とを限りなく広く大きくふくらませて行くと、あなたは今ちょっと想像もできないような「ありがたい世界」を必ず体験する。そして「神の子・人間」の至福《しふく》を味わうようになり、あなたの仕事や作品は、多くの後に続く人たちに「救いを与える」聖職となり、逸品《いっぴん》（すぐれたもの）となるのである。

3 父母への感謝

入学と卒業

ところであなたが大学か高校に入りたいと思うならば、きっと自分に一番適した学校に入りたいと思うだろう。大学や高校でなくて、別の専門学校でも、思いは共通しているに違いない。何故なら「一番適している」ということが、あなたの将来にとってとてもよいからで、有名かどうかは、二の次だ。

ところがもし、その入学の希望をかなえてくれて、

「どうぞお入り、お待ちしています」

と受けいれてくれる学校や先生がいたら、あなたもきっと「感謝」して、その人々にお礼をいいたくなるだろう。もっともそれが〝裏口入学〟だったり、〝一時訪問入学〟（そんなのはないかもしれないが）であってはだめであって、今は正規の本物入学

の話をしているのだ。

ところでそうした有力な恩人に当たる人が、あなたの父母なのである。というのは、この地上の人生は、大きな「人生大学」と言われるものであり、しかもきわめつきの〝有名大学〟だからである。あまり大きいので、各国々には〝分校〟があり、それぞれの人たちが「一番適した学部」に入学して、人生勉強をしている。その入学の時期は色々で、あなた方の〝誕生日〟が「人生大学」への入学日だ。〝卒業日〟は、まだ考えるにはちょっと早すぎるかも知れないが、あなたの肉体が死ぬ時である。

つまりこの地上に生まれて死ぬまでが、「人生大学」の在学期間ということだ。というのは、本当の人間は〝魂《たましい》〟とか〝霊《れい》〟とかいわれる目に見えない「いのち」そのものであり、その「いのち」は肉体が死んだぐらいではなくならない。つまり肉体は「人生大学」の〝制服〟のようなものである。普通の制服でも大小いろいろあるだろうし、形も色もちがっているが、人間の肉体も夫々色や形がちがっている。けれども皆「人生大学」の学生であり、同じように「死なないいのち」の「神の子・人間」ばかりなのである。

成績表

させてそうなると、父母はあなたを「人生大学」に入学させて下さった「ありがたい恩人」ということになるであろう。父か母か、どちらか一人でも欠けると入学できないし、入学手続きもしてもらえない。ことにお母さんは、入学前からあなたの肉体という制服をぬいあげてくれるために、ポンポコリンのおなかになり、スタイルが変わっても、喜んであなたの入学を待っていて下さる。

だから当然、感謝しなければならない。またお父さんも、あなたの生まれてくる家庭のために、仕事をして準備をととのえ、お母さんをやさしくいたわって下さる大切な人だ。南極に住むペンギン鳥などは、主に父が氷の上につっ立って卵をあたためてくれ、やっと卵からヒナが誕生する。人間は卵を抱かないでもよいが、生まれた時はひ弱《よわ》だから、一年か二年は、大変お世話になって育ててもらう。人によると、

「人間も卵で生まれるとよいな」

というかも知れないが、卵だと丸ごと盗まれて、食べられてしまうという危険があるだろう。

ともかくこうして父母は、大変な努力をして「人生大学」へのあなたの入学を完了

して下さったのだから、大いに「感謝する」のが当り前である。ところが多くの人々の中には、かんしゃも感激も忘れ果て、さかんに反抗するものがいる。しかも、

「生んでくれと頼んだわけじゃないのに、勝手に生んだんじゃないか」

などという。これは大変な間違いで、目も鼻もないうちから「口」でたのむこともできず、脳ミソがまだ充分できていないから、たのんだことを憶えてもいないのだ。

しかしこの世では、〝親和の法則〟というのがあって、似たもの同士が集まって生活する。家族でも、学校でも、国でも友人でも、みなお互いに似合ったものが一緒になる。だから夫婦もそうだが、親子もそうである。つまり親と子は遺伝子がとてもよく似ていて、父から半分と母から半分をもらって生まれてくることになっている。その遺伝子の中には「設計図」のような暗号が書き込まれていて、その設計図のような「父母に似た」子供の身体が作られて行く。こうして「人生大学」の制服や場所がきめられる。これが〝親和の法則〟又は〝親和律〟、〝類をもって集まる法則〟と言われる「心の法則」である。

しかもこの遺伝子の暗号は、むつかしくてまだ解読されていない所が沢山あるし、この世に生まれて来る以前の「前世」の記録まで入っている。「人生大学」入学以前の高校時代の成績表のようなものだ。さらに中学、小学……時代のもある。これを仏教

的にいうと「業」と呼ばれる成績表だから、この記録によって、「人生大学」に生まれる時には、ちょうどあなたにふさわしい「学部」に入って来るし、一番適当な父母の家庭に生まれるようになっている。つまり父母の遺伝子と子の遺伝子とが似ているということは、その成績表（業）が似ていたのであって、何も口ではたのまなくても、自然の法則が、あなたをあなたの一番ふさわしい父母のもとに誕生させてくれた。だから、

「もっとよい父母の所へ生まれたらよかった」

といっても、それはダメだ。あなたの成績表がものをいうのであって、それ以外にはありえない。つまりあなたはすでに「一番よい人生大学の学部」に入学した〝秀才〟なのである。

学習する

しかもこの「人生大学」では、努力次第でいくらでも力をのばし、無限に伸びて行く可能性がある。それは人間が「神の子・無限力」だからだ。この力を出しさえすれば、父母の今の生活がどうあろうと、あなたは立派な才能をのばすことができ、父母よりも有名になったり、悟《さと》りをふかめたり、別の天才を現したりすることもできる。

それはあなたの中に、「無限力」がかくされていて、それは「成績表」には書かれていない（らしい）「神性《しんせい》・仏性《ぶつしょう》」だからである。

　しかしどんな能力でも、それを自分が「認める」ことがまず第一であり、その認める心が「感謝する」心と裏表になっている。生まれて来て「ありがたかった」という心であり、生んで下さった父母を「ありがたい」と思う心だ。そればかりではなく、育てて下さり、世話をして下さって「どうもありがとう」となるのが当り前で、父母の欠点をみて、色々文句を言うよりも、まず第一にやるべきことなのである。

　それをあなたが小さいころは、自然にやって来た。他の動物もみなそうだが、父母のやることや、祖父祖母の行いを（同居しているとすると）見習って来たのである。例えば、平成十年二月十八日の『産経新聞』には、田中剛之さん（千葉県市川市）の次のような投書がのせられていた。

『最近、「心の教育」というものが叫ばれているが、「心の教育は家庭から」ということを実感する出来事があった。

　一月十五日の大雪の日、自宅前の雪かきをしようと外に出たところ、隣家の中学一年の息子さんが、わが家の前で一生懸命に雪かきをしていたのである。

　今は入院中だが、彼の祖父は雪が降るたびに率先して近所の雪かきをしていた人だった。その祖父の姿を見てきた彼だからこそ、何のためらいもなく近所の雪かきを実践できたのだと思う。

最近、学校には「いじめ」「キレる」といった、暗いイメージが付きまとう。しかし、彼が積極的に行った行動は、ささいなことのように見えるが、実は学校教育以上の「心の教育」を祖父の行動を通して、体得したあかしといえる。

教育は共育ということを実感した。（会社員）』

つまり雪かきでも庭や部屋の掃除でも、こうして見習って行くことから、人々の中にかくれている力が引き出され、才能がのび、心がみがかれて行く。そのためには、「何を見習うか」が問題になるのである。

天地万物に感謝とは

前にのべたように、人間は「神の子・無限力」だが、この世の中には、その力の全てが現れているのではなく、ごく一部しか出ていない。ことに幼少のころは、できないことの方が多いので、練習し訓練することによって、どんどん力が出てきて、頭もさえてくる。それを現し出すところの練成道場が「人生大学」なのである。そこで、無限の能力の中で、どれをのばすかは、本人（あなた）の心次第である。学校や職業をきめるのでも、父母と同じ学校や職業でない場合も多い。つまり「感謝する」ということは、その人の言う通りをせよということとはちょっとちがう。「生長の家」の『大調和の神示』の中にはこう書かれている――

『(前略) 汝《なんじ》らの兄弟のうち最も大《だい》なる者は汝らの父母《ちちはは》である。神に感謝しても父母に感謝し得ない者は神の心にかなわぬ。天地万物と和解せよとは、天地万物に感謝せよとの意味である。本当の和解は互いに怺《こら》え合ったり、我慢《がまん》し合ったりするのでは得られぬ。怺えたり我慢しているのでは心の奥底で和解していぬ。感謝し合ったとき本当の和解が成立する (後略)』

「天地万物に感謝せよ」と教えられているが、天地万物の中には全ての人が含まれていて、さらに動植物や山や川もふくまれている。それにみな「感謝する」のであるから、全ての人々の「言う通りにせよ」では困ってしまうだろう。友達のA君は「こうせよ」といい、B君は「ああせよ」というとしたら、AとBの両方のいう通りにするわけには行かない。さらに父は「××せよ」といわれ、母は「〇〇しなさい」と言われ、ABや父や母や全ての人のいう通りにするというわけには行かないものだ。

もっと高く飛べ

だから「感謝せよ」ということと、「人の言う通りをせよ」というのとは、少しちがうのである。それを混同して、変な先輩のいう通りにタバコを吸ったり、酒をのんだり、暴走したりする人もいるが、これは「感謝」でも何でもない。「これは少し変な意見だ」と思ったら、すぐ怒ったり、むくれたりしないで、我慢したり、怺《こら》えたりしないことだ。あなたの意見を言って、カッカしないで静かにことわったらよいのである。

「〇〇円貸せ、あした持って来い」

などといわれて、へいへいと持って行かなければならない理由は何もない。そういうときには、誰かに相談する。まず親に相談するのが一番よい。ところが平生《へいぜい》親に感謝せず、言うことをきかず、だまっていたり、かくしていたりする人は、中々相談できない。ところがいつも親に感謝して、明るくたのしい家庭生活を送っている人は、楽々とあっさりと相談できる。すると親は決して、変な行いにさんせいすることはない。何故なら、父母は子供を愛していて、子供も心の底では父母を愛しているから、ためにならないことをすすめるはずがないのである。だから、父母に感謝する心でいるときは、父母から〝正しい忠告〟をうけるし、又先生からも受けられるはずだ。つまり、誰にでも相談したり、その人の言う通りになるのが「感謝する」のではないことを、よく知っておかなくてはならないのである。

現実に間違った行いをした多くの人たちは、ほとんどが親に相談してはいないのだ。その前に、親にではなく、友達や変な人に相談する。しかし友達は親のように、あなたの生命を保護してくれるとは限らない。要するに他人だから、いざというとき、あなたの身柄《みがら》を引きとったり、保証人となってくれるわけではない。ところが、それをいつの間にか、父母には冷淡にして、物もいわず、怺えたり我慢したりするだけで生活していると、次第にそのくせがこうじて感謝どころではなくなり、相談したり打ち明けたりする相手を間違えてしまうのだ。

だからこのような「人生大学」の訓練は、小さい時、すなおな心が生々《いきいき》としている時からはじめるのが一番やりやすく、その効果は抜群である。さらに進んで小さいころから毎日「神想観」で、父母と一緒に「円満完全な神の国」を心に描いていたり、聖経を読んでご先祖のありがたいお守りを念じていたりすると、ごく自然に父母やご先祖に感謝する心になるのである。

それはちょうど鳥の巣の中で卵からかえった雛《ひな》が、ごく自然に空を飛ぶ父母の姿を見て、羽根を動かし、飛ぶマネをしだす。そしてある時期が来ると、兄弟たちと共に飛び立って行くようなものだ。それを鳥の父母は、巣の近くの枝で見守っている。ヒナ鳥はその近くへ飛んで行って、さらに枝から枝へと渡る練習をし、やがて遠くに飛んで行く。

かつて北海道の丹頂鶴のヒナを卵から育てた人の話をきいたが、やがて鶴が飛び立つころには、この人が両手をバタバタさせて走りながら教えたということだ。すると鶴はこの人と共に走って、やがて飛び立ったが、翼のない人間は飛べないから、飛ぶ鶴をじっと見送っていた。すると鶴は大空でこの親と思ってきた人が、どうして飛んで来ないのかという様子をみせて、上空を廻《まわ》りながらじっと見守っていたということだ。

人の子も、やがて親よりも高く飛び立って行く時が来る。父母に感謝して、訓練してきていると、自然にそうなって行く。オリンピックで金メダルを取った里谷多英さんも、スピードスケート五〇〇メートルで金、千メートルで銅を取った清水宏保さんも、こうして高く飛んでいった一流選手だが、亡くなった父の志《こころざし》を受けついだ人達だったのである。

Ⅵ　神の子と神の国

1　神とは何だろう？

神は見えない

前にも述べてあるように、人はときどき、「神なんていない」という。そして、

「いるなら、見せてくれ」

などとも言うが、あっても居《い》ても、見えないものはいくらでもある。例えば「智慧」でも、「愛」でも、見えないのだ。しかし智慧のない人とか、愛のない人などはどこにもいない。少しぐらいはあると思うのが普通だろう。

「いや、彼には智慧がない。テストの答案でも、まるで0点に近かった」

というかも知れないが、それは智慧がなかったのではない。ただ答案用紙にうまく書いてなかっただけで、悪いのは「答案用紙」であって、完全に書かれていなかったというだけだ。だから、テストがすんでから、フト思い出して、

「しまった！　正解を思い出したぞ」

というようなことは、いくらでもある。だからどんな悪い点を取っていても、頭が悪いとか、智慧がないなどと考えてはいけないのだ。愛についても同じことが言える。

「愛があるなら、見せてくれ！」

と言っても、心臓を見せても、ラブレターを見せても、それは「愛」そのものではない。つまり愛は物質ではないから、直接見るわけにはゆかないのだ。

大体、「見えるもの」というのは、手近にあるもので、あまり遠くにあると、見えないし、見るのに時間がかかりすぎる。宇宙には沢山の星があって、何万光年とか何億光年の向こうにある星などというが、これはその星から出た光が何万年か何億年かかかって、やっと地球に届いたということである。だから、「今の星」ではなく、何万年か昔の星であって、「今の星」は全《まった》くまだ見えないのである。

人のいのちでも、やはり見えない。

「もういのちはありません、ご臨終《りんじゅう》です」

と言っても、いのちを見たのではなく、脈拍や呼吸や脳波などを調べたのであって、それも出たり入ったりする状態を時間をかけて見ただけだ。「もうこのくらいでナイことにしよう」といって、「死んだ」などというが、死んだと思ったのに又脳波が出て来たということもあるくらい、いのちそのものは見えないのである。

絶対神

神様でも、見えないのが当り前で、「見えた神様」などは、本物ではない。何しろ日本語の神（カミ）とは、「見えない身《み》」という意味の「隠《かく》り身《み》」のことだからである。肉体が死んで、その人のいのちが見えなくなった。だから人が死ぬと、それを「カミ」といって、お祀《まつ》りしたのだ。仏教でも、人が死ぬと「仏」としてお祀りした。仏とはホドカレタモノという意味で、肉体の束縛《そくばく》がほどかれて、自由になった人という意味のコトバである。

さらに日本語のカミには「輝く身《み》」という意味や、「翔《かけ》り身《み》」（天翔《あまかけ》る身）という意味があり、さらに「火《か》水《み》」という意味もあって、これは陽《よう》（火）と陰《いん》（水）との結合をあらわす言葉だ。つまり全ては陰と陽との働きによって作られる。電気も陰極と陽極の結びで作動し、地球にも磁石にも陰極と陽極とがある。動物や植物も、プラスとマイナスの働きによって増えて行くから、「火《か》水《み》」とは宇宙の「法則」そのものを現している言葉だ。こうした「法則」もやはり見えないし、宇宙のどこかにあって「見える」といったものではない。

神とは全宇宙にあまねく行きわたっている「実在」なのである。だから、「神」にはそういった第一義の意味がある。大宇宙の創造の「原理」であり、目に見えない「実在者」だから、「絶対神」とか「創造主」などともいうのである。そこで『甘露の法雨』という「聖経」には、冒頭にこう書かれている。

『創造の神は
五感を超越している、
六感も超越している、
聖《せい》
至上《しじよう》
無限
宇宙を貫く心
宇宙を貫く生命
宇宙を貫く法則
真理
光明《こうみよう》
知恵

絶対の愛。

これらは大生命――』

ここには「絶対の愛」という言葉が出てくるが、これが「神」だという教えである。愛という言葉はよく間違って使われている。例えば、

「私は愛している」

といっても、本当の愛、つまり絶対の愛ではない場合が多い。つまり相手に執着《しゅうじゃく》して、「自分のものにしよう」というような欲望を、愛といってゴマカシている。だから仏教では愛という言葉を、執着とか愛着の意味に使い、本当の愛、「絶対の愛」のことを「慈悲《じひ》」と言い、「仏心《ぶっしん》」とは「大慈悲心《だいじひしん》これなり」と言うのである。

執着を捨てる

さらにこの慈悲心を「慈《じ》・悲《ひ》・喜《き》・捨《しゃ》」の〝四無量心《しむりょうしん》〟ともいう。

「慈」とはいつくしむ心のこと。

「悲」は相手の悲しみに同悲する心。

「喜」は相手の喜びを、共に喜ぶ心である。これが〝本物の心〟であって、相手が進学できたのに、自分は落第した、といって、共に喜んであげられない心は、本当の愛

ではない。友達が昇進したり、ほめられたりすると、共に喜んであげる心こそが「喜《き》心《しん》」である。

「捨」はこれ即《すなわ》ち「捨てる心」であり、「放ち去る心」である。捨てるといってゴミをポイと捨てるのではなく、執着を捨て、自分の都合を捨て、相手を自由に放して、解放してあげる心だ。つまり仏心（ほとけごころ）とは、「解き放つ心」であり、ほどく心、「ほどけた心」という意味であり、この四つの無量の心を「絶対の愛」と言うのである。

だから神様は、人間を「神の子」として愛されて（つまり完全に造られていて）、完全な自由を与えておられる。そこで人はこの世界で「神を信ずる」こともできるが、「神なんかいない」といって、拒絶し、無視することも出来る。そんな姿が現象的には見えている。つまり「善」や「信」を強制されないのである。一見「悪」も行えるように見える。迷ったり、人をうらんだり、憎んだりすることも出来るだろう。そんな仮《かり》の「自由」を与えておられるが、それは現象であり、決して「本当の自由」ではないのである。

だから悪いことをして、人をダマシたり、恨《うら》んだり、時には傷つけたり、殺したりすることもできるようだが、そうしていると、必ず本物の「愛」が、自分自身をとがめるのだ。これを「自己処罰《じこしょばつ》」という。自分の内の「神の心」が、自分の仮の姿を否定し、とがめるのである。

こうして悪いことをすると、いつか必ず悪い報いをうける。自分で自分を処罰するからだ。かりに自分の代りに、警察がとっつかまえて、裁判所が処罰してくれるという形になることもある。これらは「神の国」の実相（ほんとの姿）ではなく、人間が仮にこの世やあの世で作り出した「演劇の一幕」みたいなものだ。

皆さんが劇場へ行って芝居を見ると、悪役が出て来て人をいじめたり、傷つけたり、だましたりするだろう。しかし劇が終るとこの役者が実は悪人ではなく深切で、世話ずきで、色々と教えてくれたりする善人だと判ったりする。病人の役をしたり、死んだ役をする人がいても、楽屋に入るとうまそうにウナギをくったり、元気に跳《は》ね回ったりする。

そのように、この現象界という見たり聞いたりする世界は、大きな「芝居」みたいな世界だ。仮に作られた世界だから「仮相《かそう》」と言い、「実相」というほんとの世界、神の国、仏の世界とは違うのである。この仮相を作り出すのが吾々《われわれ》の使うコトバである。人生芝居の台本のようなものだ。映画のシナリオに当たる。これらは吾々の心で作るのである。

この「人生劇場」の芝居は、他人が作るのではなく、自分の心がコトバで作るのである。これを自由に作り、そのコトバ（心）のような筋書きの人生芝居を演ずるのが、人間の〝この世の生活〟である。

だから人はコトバで自分の運命を作り出す。

「ボクは運が悪い」

と心で思う（コトバで言う）と、いつもその思いを続けていると、悪い運命になってしまう。

「私は頭が悪い」

などと心で思い、口に出し、考えていると、そのように、中々思い出せない頭になってしまう。けれども本当に頭が悪いのではなく、記憶したことを思い出せないように、出口をふさいでしまうだけなのである。

「心」で造る世界

このようにコトバは身《しん》・口《く》・意《い》の〝三業《ごう》〟といって、身体で行うこと（身）と、口で言うこと（口）、心で思うこと（意）の三つを含んでいる。人間がこのようにコトバで自由に現象界を作り出すように、神は「実在界」（ほんとにアル世界・実相世界）

を、コトバで造られたのである。もちろん悪いコトバや争いのコトバなどは全くないところの善一元のコトバである。それを、『甘露の法雨』には、こう記されている。

『神が一切のものを造りたまうや
粘土を用い給わず、
木材を用いたまわず、
槌《つち》を用いたまわず、
鑿《のみ》を用いたまわず、
如何《いか》なる道具も材料も用い給わず、
ただ「心」をもって造りたまう。
「心」はすべての造り主、
「心」は宇宙に満《み》つる実質、
「心」こそ「全能」の神にして遍在《へんざい》したまう。』

ここに「心」と書かれているのは、「あれがほしい」とか「ねむい」というような現象的な心ではなく、「神の心」つまり「本当の心」のことである。それはまた「神のコトバ」であり、それがあらゆる所に満ちあふれている、遍在しているのだ。だから存在する全てのものは、「神の心」にすっぽりと包まれていて、「不生《ふしょう》・不死《ふし》」であり、

「生《しょう》・不滅《ふめつ》」であるのだ。

しかも「心」は目には見えないし、耳でも聞こえない。それはわれわれの心も目に見えず、耳で聞いても聞こえないようなものである。だから「神は見えない」し、「神の声」も耳には聞こえない。これを「五感・六感を超越している」と記されている。

これをキリスト教の「聖書」のヨハネ伝の第一章に、こう書いてある。

『太初《はじめ》に言《ことば》あり、言は神と偕《とも》にあり、言は神なりき』

先ずコトバがあったのであり、それが神だ、という宣言である。何か形のあるものがしゃべったコトバではないから、「言＝神」ということになる。神とはこんな無形の創造原理であり、いのちそのものなのである。

まだ見えない世界がある

さらに漢字の「神」という字を考えてみよう。「神」は「示《しめ》す扁《へん》に申《もうす》」と書いてあるが、「示す」のも「申す」のも、コトバのことだ。例えば山に登ると立て札が立っていて、

「右に行くと○○峠、左に行くと△△山」

などと書いて示してある。つまり示すのはコトバであり、申すというのもコトバで

である。つまり「神」は即ちコトバであり、中国では日本でよく使う「神」のことを「天」と表現した。そして「神」の字をジンと読んで、〝霊魂〟の意味に使ったものである。

だから日本でも「天」をそのように使うこともあり、「天気予報」の〝天〟とは違う使い方もする。「敬天愛人《けいてんあいじん》」などとも言うがこれは「神を敬《うやま》い人を愛する」ことを言うのであって、天空を尊敬せよということではない。誰か宇宙飛行士が天空を飛んでみて、神様は見つからなかった――などといったようだが、神様は大宇宙の中をさがしても、どこにも見つからない。それは五感・六感を超えた「大実在」そのものだからである。

最近の研究では、この宇宙には暗黒物質といって、目にも見えず、五官によっては感覚できない物質が沢山あるということだ。暗黒物質とは、

『宇宙の質量の理論値と全銀河の推定質量との間に大きな開きがあることが１９３３年に分かった。宇宙には見えない物質があると予測され、暗黒物質と命名された。宇宙の質量の90～95％を占めていると考えられている』（平成十三年三月二十三日『毎日新聞』より）

という。英語でダーク・マターというが、天体の全質量を測るのに観測できる天体

（星など）の明るさを測って〝質量〟を計算するのと、星や銀河の運動に影響している〝重力〟から質量を求める方法とがある。この二つの方法をくらべると、後者の方が前者よりも大きくて、重力によった方法の方が、大部分で、前者の測定したものはきわめて少ないのである。この差をmissing mass（ミッシング・マス）といい、この正体《しょうたい》を暗黒物質と呼んだ。そしてこの中には多くのブラックホールも含まれているだろうというのだが、まだ「見えない物質」の正体はハッキリ分かっていない現状である。

だから「神」が見えないのは当り前であり、神様を見ようなどと考えるのは間違いだ。その声が、一部の人にだけ「聞こえた」などというのも間違いである。

2 なぜ「神の子」か

神社・仏閣

さらに又人の子は人であり、猿の子は猿である。犬の子は犬であって、決して猫でもなく、兎《うさぎ》でもない。形は小さくても、子供は親と同じ中味を持っている。だから「神の子は神だ」ということになってくるから、大変びっくりする人も出てくるかも知れない。

多くの人は、神とか仏というと、人間とは別者だと考えている。しかし昔から日本人は、人が亡くなられた時、神様としてお祭りした。生長の家本部の建物の隣《となり》に、東《とう》郷《ごう》神社という神社があるが、このお社《やしろ》には、東郷元帥《げんすい》という偉い軍人さんがお祭りされている。この方は、かつての日露戦争で、ロシアのバルチック艦隊という強大な艦隊を、日本海海戦で全滅させて世界中をびっくりさせた名将であった。しかし明らかに人間であって、生きておられた時は、神様あつかいをされてはいなかった人である。けれども亡くなられると、たちまち神様として神社に祭られた。それは何故かというと、生きておられた時、国に対して立派な功績を立てられたからであるが、どのくらいの功績があると神社に祭られるのか、そんなことはハッキリきめられていない。しかし大抵すぐれた功績のあった人が神様として祭られている。

軍人さんばかりではなく、文人《ぶんじん》も祭られた。太宰府天満宮《だざいふてんまんぐう》には菅原道真《みちざね》というお公卿《くげ》さんがお祭りされ、〝学問の神様〟として、受験生たちが沢山参拝したりしている。道真公は菅原是善《これよし》公の息子さんで、島田忠臣《ただおみ》の弟子として、学問を学んだ人だ。しかしそのころは神様扱いはされていなかったし、明らかに人間扱いである。延喜《えんぎ》元年（九〇一年）には従二位《じゆにい》の位に昇《のぼ》ったが、その年に醍醐《だいご》天皇の廃位をくわだてたなどと無実の罪に問われ、九州の太宰府に左遷《させん》され、そこで亡くなられた。

それでも「神様」としてお祭りされているのだから、こうして神様扱いされている方々は全国で実に沢山おられる。即《すなわ》ち神様と人間との間には、別に何の仕切りもハードルもない。ノッペリと連続しているから、日本人の感覚では、人間はみな神様なのである。これは神道の考えばかりではない。仏教でも、亡くなられた方々は「仏様」としてお仏壇にお祀りする。お釈迦《しやか》さまだけが仏様というわけではなく、一般の人々もみな仏様なのである。

死んだら仏様になるのなら、人は皆殺してしまえば仏様ばかりになって、「平和になる」と思い違えると、全ての殺人犯人は〝仏造りの天才〟ということになってしまい、彼らもまた仏様であり、神様であるということになる。しかし「肉体の死」が人と神・仏とを分ける目印ではなく、肉体があろうがなかろうが、みな神様であり仏様だというべきだ。有名人や公卿さんだけがそうだというのではなく、人は誰でも神様・仏様なのである。

だからといって、全てのご先祖を神社や仏閣《ぶつかく》にお祭りしたのでは、国中の地面が占領されてしまうので、あとの多くの人々は各個人が自宅の神棚や仏壇で、コンパクトにお祭りされるようになったのであろう。

一神教

つまり人はそのまま神であり仏なのである。だから人の子は「神の子」であり、「仏《ぶっ》子《し》」だということになる。このことがよく判ると、〝人間の尊厳〟もわかるから、めったに悪いことをしない人々がふえてくるに違いない。だがこう言って反論する人がいるかも知れない。

「日本ではそうかも知れないが、キリスト教やイスラム教では、神が全てを造り給うたというではないか。人間は、アダムとエバ（イヴ）の子孫なのだ」

たしかに神は全てを造り給うたのである。そのことは『甘露の法雨』の中にもこう書かれている。

『（前略）神は無量光《むりようこう》、無辺光の知恵、
　かぎりなき善、
　かぎりなき生命、
　一切のものの実質、
　また一切のものの創造主《つくりぬし》、
　されば神は一切所《いっさいしょ》に遍在《へんざい》し給う（後略）』

この「一切のもの」の中に、人間も、アダムもイヴもみな含まれるから、やはり人間は神の造り給うた完全にすばらしい「かぎりなき生命」即ち、無限のいのちそのものだという宣言である。

そこでこの世にも、あの世にも、罪人もなく、悪人もいない。それをいる、と思うのは、『仏の道ではこれを無明《まよい》と云《い》い

神の道ではこれを罪と云う』

と説いておられる。つまり、ナイものをアルと思っているが、本当はみな神性・仏性そのもので、完全無欠なのが「実在界」即ち本当の世界だというのである。イヴが蛇の知恵にだまされて、アダムを誘惑したという人もいるが、それは蛇が悪いのではなく、蛇にたとえて、物質のことばかりを考える知恵を「蛇の知恵」といったので、アダムもイヴも迷った人たちの代表者というわけだ。しかしどんなに迷っていても、本当は神の子であるから、永遠生き通しなのだが、肉体だけの姿を見ると、あたかも人間も動物も、皆死ぬように見えている。これがイエス・キリストの言われた、

『然《さ》れど見ゆと言う汝《なんじ》らの罪は遺《のこ》れり』（ヨハネ伝第九章—四一）

という言葉の意味だ。見える現象に引っかかるなという教えである。だから自分の肉体の欠点や大小や黒白などに引っかかって、「私は神の子ではない」とか、こんなひどい罪をおかしたから、もう神の子でなくなった——というようなことを考えるものではない。

アルから求める

それでは、この世の一切の動植物を「神の子」といってよいかというと、そうでもない。普通は人間だけを「神の子」といい、石や木や犬や猿を神の子とは言わない。

なぜかというと、人はみな「神様」とか「仏様」とかの意味が分かるが、石や犬にはそれが分からないからである。

「いや、私は神様なんか信じないぞ。神の子・人間も信じない」

という人がいるかも知れない。信ずる信じないではない。信じた時は神の子だが、信じない時は神の子でないのか？　そんな区別があるはずはない。何故なら神は「全てのものを創造《つく》り給うた」のだから。だから、信じようが信じまいが、迷っていても、罪を犯していても、神の子にちがいないのである。アダムもイヴも、迷っていてもいなくても神の子だといったのは、そういう意味である。

しかし、人間をとくに「神の子」というのは、人間だけが「神」を知っているからである。無神論者でも「神はいない」とか言って、「神」という〝概念〟を心に思うことができるだろう。ところが、犬や猫にはそれができない。そのような知性があらわれていないから、強《し》いて「神の子」とはいわず、特別の時には「神の子」ということもある、というだけである。

その上、人はみな「善」と「悪」との区別を知っていて、心の中では善いことをしたいと思っている。今そう思っていなくても、小さいころは親をしたっていて、親がいなくなると泣いたものだ。これはただおなかがすいただけではない。そしてまたきっと親が教えたことを守ろうとしたことがあるだろう。さらに悪いことをすれば、悪いことをしたと分かったものだ。ドロボーは悪いと分かり、行儀よくしているのが善いのだと知った。しかし犬にしつけをしても、それは「善悪」を知ったのではなく、そうしたクセがついたということである。だから彼らは、魚や肉を取って逃げても、生命の危険をさけたり、獲物《えもの》を取り返されないために逃げたのであって、「悪いことをしたから逃げた」のではない。だから人はよく、

「自分みたいな悪ものが、神の子であるはずがない」

などというが、こんな考えは、彼が善悪を知り、今の自分がよくないことをしていると知っている証拠である。その上人間はみな、「理想」をもち、「自由」を求め、その上「平等」を求めている。「美」や「真理」までも求めるのだ。

こうして求めるのは、求めるものが人間の本性としてアルからである。ナイものを求めると思うかも知れないが、本当はナイものを求めるのではない。この今の現象界にはなくても、どこかにあるから求めるのだ。どこにあるかというと、「神の国」、理想世界にある。つまり「神の国」を求めているということができるではないか。それは「神の子」だからであって、理想の国の古里《ふるさと》にかえりたいという念願なのである。

法則や真理

さらに言うならば、人が「真理」を求めて探究するのは、神の国の「法則」や「愛」などを求めているのであって、これも人間にだけできる高級な努力である。この世という現象界にも色々の法則がある。しかしそれだけを研究しても、神の国の「法則」には、中々到着しない。昔は法則として、光は一直線に進むと考えられていたが、アインシュタインによって、重力（引力）によって光も曲るということが認められてきた。つまり現象界の法則は、新しい発見によって、色々と変わってくる。しかし「神の法則」なるものは、そんなに色々と変わるものではない。

今の国家にはみな「憲法」という法則がきめられていて、それは変わらないと思った人もいるが、いくらでも変えられるのである。だから「不変の法則」ではない。しかしその「憲法」を何とかして理想的なものにしようとして、人々は色いろと研究したり、政策を考えたりしている。こういうことは人間にだけできるので、動物や植物にはできないことだろう。

これも「真理」や「善」や、ひいては「愛」を求めている人間が、「神の子」であるからであって、罪の子や迷妄《めいもう》の人たちだけではできない大切な仕事だ。このようなすばらしい人間のいのちが、今の肉体が死んだら、みな消えてなくなるのか。ただ灰や骨だけが残るのか――というと、そんなことはありえない。「消えてなくなるもの」に価値があるか？　永久になくならないものにだけ、本当の価値があり、すばらしさがあるのではないか。

だから、本当の人間のいのちは、この肉体ではない。肉体には「自由」も「平等」もない。どの人の肉体も平等でもなく、自由でもないだろう。沈没した原子力潜水艦クルスク号の乗組員は、そこから自由に脱出できなかった。こうして沢山の人々が死んでしまった。不自由だし、不平等でもあった。それは肉体を見るからそうなのであって、これらの人々のいのちそのものは、不死・不滅であると言わなければならない。それは人がみな「神の子」だからである。

何を信ずるか

結局こうして、人は「何を信ずるか」という問題につき当たる。つまり「信仰」できるのが人間であり、それができないのは、その他の動物たちや植物や鉱物などである。だから、

「私は無信仰だ。神も、仏も、ナイ」

といっている人は、「私は動物だ」と言い張っているようなもので、自分にはあまり大した価値はないよと叫んでいるようなものである。多くの若者の中には、宗教とか信仰とかいうと、自分たちには関係ないと思い込んでいる人もいるが、それではこの人生が本当に楽しく、明るくは送れない。何故なら本当は「神の子」であり、無限のいのちという「宝物」を持ちながら、ナイ、ナイと思っている人だからである。「自由」と「平等」とを与えられていながら、自ら進んで「不自由」と「不平等」にしがみついている人たちだからである。

この人生には、何回も言うように、〝思っているように現れてくる〟という「心の法則」がある。だから、人間を不自由、不平等と考え、肉体人間にしがみついている人たちは、肉体の欲望に縛《しば》られて、不自由なのである。食欲や睡眠欲、性欲にふりまわされ、それに従っているのが「自己に忠実だ」と思いこむから、いくら欲望に従っていても、つまりは「肉体の奴隷《どれい》」に外ならない。

これでは本当の「神の子」らしい真の楽しさを味わうことはできない。それでいて「民主主義」とか「自由主義」とかいっても、本当のそれではなく、「肉体主義」であり、「不平等主義」になってしまっている。これは人間観が間違っていて、いのちという目に見えない「神の子・人間」の真実をとらえていないからである。まさにイエ

ス・キリストの言われた、

「然《さ》れど見ゆと言う汝らの罪は遺《のこ》れり」

ということだ。見えない神を、心で見る。これは難しいが、しかしとても楽しく、有意義な練習だ。しかもその結果は、観《み》ただけの「無限力」や「無限の智慧と愛」とがどんどん現れてくるという〝恩恵〟にあずかることになるものである。

3 「日本のすばらしさ」とは

実相と現象

考えてみると、現実の日本国には、美点もあるし欠点もあるのである。何もかも「すばらしい」という訳ではない。これはごく〝当り前〟の話だ。というのは、現象界というものは〝不完全〟だからである。「完全円満」なのは「神の国」と言い、実在する世界であって、これは目に見えず耳にも聞こえず、手や足でさわることもできない〝絶対界〟なのだ。ところが現象界は仮相であり、限定されているから、〝実在の影〟といったものである。

人間でも、実相（実在）は「神の子」で、完全だが、現実の肉体人間は不完全だ。完全に美しい肉体を持っている人はいないし、年をとると段々能力が衰えて来て、やがて死体となる。「すばらしい死に顔だ」といっても、それはやはり「動けない」という欠点があり、笑えない〝固定した顔〟なのである。

だからどんな国でも、現実的には不完全な点や失敗や、足らない点もある。しかしそんな欠点ばかり捜して、悪い国だ、いけない侵略国だ、狭い国だ……などと言ったり、教えたりしていては、良い国になったり、愛国心を持ったりすることは難しいだろう。何故なら、悪い悪いと言ってばかりいて、善くなる人も国もないからである。この現象界には、〝心で認めた通りになる（作られる）〟という「心の法則」があるからだ。

見かけによらないもの

それ故新聞の投書なんかを見ても、色々の意見がのべてある。例えば平成十三年の二月五日の『産経新聞』には、東京都立川市の竹島元美さん（24）が、こんな投書をしておられた。

『六ヵ月になる子供をベビーカーに乗せて買い物をしたときのこと。帰ろうと店のドア付近まで行くと、入ってきた若い子がさっとドアを開けて、私が通るまで待っていてくれました。

その子は、いわゆるコギャルと呼ばれるような、厚底の靴に超ミニスカート、金髪に厚化粧といった格好でした。
赤ちゃんを連れて歩いていると、こんな小さな親切によく出合いますが、若い女の子がしてくれたことで普段よりうれしい気持ちになりました。きっと私の中で人を外見で判断してしまっていて、予想外の親切に触れたからなのだと思います。
人は外見ではないと頭では理解していたつもりでも、心の中では全然分かっていなかったのだと思い知り、反省する機会ともなりました。また、人から親切にしてもらう以上に、自分も人に喜ばれる行動を、子供に堂々と生きてきた姿を見せられるような生活を送っていきたいと心がけています。(主婦)』
厚化粧のコギャルさんが、深切にしてくれてうれしかったというのである。最近はとても色彩豊かな化粧や服装があるが、私も時々交叉点でそんな子にぶつかると、スミマセンと挨拶してくれるので、「人は見かけによらぬもの」という諺を思い出している次第である。

陽気と陰気

ところが一方、同年同日の同紙にこんな投書もあった。熊本市の岩村充久さん(65)の一文だが、

『米国のハワイにいってきた知人が、際立って異なった双方の入国管理官の対応のことを話してくれました。

いわく。「ハワイでは、みんな笑顔で迎えてくれましたが、帰国して日本の入管事務所の人たちはむっつりとして、笑顔など全然見られませんでした」と。

何も笑顔を向けてほしいとは思わないけれど、ハワイの人たちの笑顔とあまりにも対照的だったので、印象に残ったそうです。

ハワイは「観光」が有力な収入源となっていますので、入国管理官の笑顔は、ひょっとしたら観光客向けの〝つくられたもの〟かもしれません。

しかし、ハワイの人たちは総じて陽気であると言います。すべての人が観光客に不快感を与えないようにと、みんなで努力なさっているとすれば、それはすばらしいことだと思います。

比べて今の日本は、政治・経済・社会とすべてに暗雲が垂れ込めて、人々の表情までかげがあって、笑顔がなくなっているようです。（パート）』

つまりどの国でも、美点もあれば欠点もある。中にはこんな小学生の投書もあったが、なかなかすばらしい観察をしているものだ。平成十三年二月八日の『讀賣新聞』への、千葉県市川市に住む八田佳奈さん（10）という小学生の投書だが、

『私は国会中けいをみていて、おかしいと思うことがあります。それは一人が前でなにかをしゃべっている時、周りの人がやじをとばしたり、ざわざわしていることです。人がしゃべっている時は、静かに聞くということを、子どものうちにならわなかったのでしょうか。今年の成人式で市長がお話ししているのに、成人たちがやじを言っていたのと同じだと思います。

日本の一番大事な会ぎをする国会なのに、私たち小学生よりも話を聞くたいどが悪いなと思いました。それと、森そうりがえんぜつで、アフリカの子どもの詩を読んでいる時、他のぎ員が笑っていたのもがっかりです。』

皆のために

さらに又同じ『讀賣新聞』の十三年二月二十三日号には、埼玉県深谷市に住む溝端映里香さん（15）という中学生の、次のような投書がのっていた。

『雪が降った日、「雪かきをやっているから手伝いに行こう」と父に朝早く起こされた。「眠い」「寒い」と文句を言いながらも、社宅の一員だから、とお手伝いに行った。

すると、さっきまでおじさん一人で雪かきをしていたのに、私たちが行った時は、すでに五、六人に増えていた。小さな子供もおぼつかない足取りで、父親のお手伝いをしていた。

何だか自分が恥ずかしくなった。雪で遊ぶのは好きなくせに、雪かきは「やってくれる人がいるなら、その人に任せておけばいいじゃん」という気持ちだった。父に言われなければ、他の人が雪かきをしてくれていることも知らないで、「わーい、雪だ」と喜ぶだけだったろう。

雪の中、手足は冷え切ったけれど、心の中は温かくなった。』

このように雪かきの手伝いをして、さらにもっとすすんで善い事をしようと反省する女の子もいるのである。世の中、ことに日本が便利な国になり、食糧や衣類が増え、あり余るようなジュース・カンやペット・ボトルが売り出されていても、それをいい加減に残して、置きっ放してくるような若者がいるだけでは、「日本はすばらしい」とは言えないのではないだろうか。

国を愛する人たち

このように現象の日本には美点もあるし、欠点もある。しかし「実相の日本」はすばらしいのだ。日本という国が出来たのは、この本当の日本国、「神の国のモデル国」を実現しようとして建国されたのだということを忘れてはならない。

そして又同時に、どの国の人々も、自分の国を愛し、その建国の理想を実現したいと望んでいる。現象的にはどんなに貧しく、政権が混乱していて、国内で戦争しているような国でも、国民は皆それで満足しているのではなく、「もっと良い国にしたい、平和で豊かな国にしたい」と望み、愛国心を持っているのである。

そのことを考えるならば、「愛国心は戦争につながる」などと言って、「建国記念の日」までボイコットしようとしたり、国を愛する心を軽んじたりしてはいけないと思う。だからどの国にも建国を記念する日をもうけている。そして平成十三年の二月十一日の「建国記念の日」にちなんで、『産経新聞』には次のような記事がのっていた。《十一日は「建国記念の日」である。昭和四十二年以来三十五回目を迎えるが、この日が国民の間に十分に浸透しているとは言いがたい。今一度歴史的背景を振り返ることで、その意義を考えてみたい。

二月十一日が「建国記念の日」となったのは、『日本書紀』などで神武天皇が大和の橿原で即位したと伝えている日を現代の暦に直せばこの日に当たるからだ。戦前には紀元節として祝っていたのを引き継いでいる。

しかし、紀元節が定められたのはそう古いことではなく明治維新のときである。明治新政府は一八六七年十二月の「王政復古の大号令」の中で「諸事神武創業のはじめにもとづき…」という方針を打ち出した。そして一八七三年（明治六年）、初めての祝日として設けられたのが紀元節だった。

つまり、維新後に新しい国づくりに乗り出すに当たってそのモデルにしようとしたのが神武天皇の建国の事業だったのである。ほかにも大化の改新や建武の中興をモデルにすべきだとの意見もあったというが、最終的に「神武創業」が選ばれた。それは、初めて日本に統一国家をつくったという伝承に加え、「天の下に住む人が、ひとつ屋根の下の家族のように仲良く暮らしたい」などといった高邁な建国の理念を読み取ったからだとされている。》

中心に帰一する心

日本で紀元節などといった祝祭日が改められたのは、戦争に負けたからであって、その〝理念〟が間違っていたという訳ではない。ところがいつの間にか祝日は休日と同じだと思ったり、勝手に日曜や土曜とくっつけて連休をふやして喜んでいるような現代のやり方は、「記念日」や「祝祭日」の意義を帳消しにしてしまう弊害がある。続いてさらにこの記事にはこう書いてあるが、この日が事実に反するとかという反論があることについて曰く……

『神武天皇の建国については「史実に反する」「非科学的だ」などといった批判もある。しかし、日本書紀や古事記が描いているのは日本国民が抱いていた建国の理想像であり、そうした批判はまったくあたらない。

また、終戦直後の昭和二十三年、新たな祝日を定めるに当たって政府が行った世論調査では「紀元節」が上位を占めた。二十八年にＮＨＫが行った世論調査でも八割以上が「紀元節」復活を支持している。

戦後の荒廃から立ち上がり国をつくり直すに当たって日本人がそのよりどころにしようとしたのは明治維新のときと同様、建国の時代だったのであり、それが「建国記念の日」制定に結びついたのだ。

今、グローバリゼーションや国際化の名のもとに日本人の心から「国」の意識が希薄になり、国民の求心力が急速に失われつつある。そのことが、日本人がこれまで持っていた危機を克服する力を奪っていっているといわざるをえない。

そうしたときにこそ、先人たちの国づくりへの意気込みを思い起こすことで乗り越えていかなくてはならない。そのためにも「建国記念の日」を素直に祝いたいものである。』

では日本国民は、明治維新において何をしたのか。それは今まで続いて来ていた幕府による政治を、日本建国の時のような天皇陛下にお返ししようときめたのである。それまでの天皇陛下は、代々日本の中心者であり、日本国の全てのお祭りを司る中心的祭主であらせられたが、いつしか政治という政《まつりごと》の方は幕府にまかせておられた。ところが〝お上《かみ》〟と称していた幕府の当主は同時に将軍として大いなる武力を持ち、全国の藩主を大名《だいみよう》として〝参覲交代《さんきんこうたい》〟などをさせて統轄していたが、その政治に対して不満をいだく大名たちが多数出て来て、〝王政復古〟を唱えたのである。それが十四代の徳川家茂《いえもち》将軍から十五代の徳川慶喜《よしのぶ》公時代に頂点に達し、尊王攘夷（尊攘）か開国かの問題で、国論が分裂したのだ。そこで慶応三年（西紀一八六七年）十月十四日に慶喜公は政権返上を天皇陛下に御奏聞《そうもん》（お伝え）申し上げたのである。

こうして日本国は再び中心者であらせられる天皇陛下に全てが束ねられる「中心帰一」の姿が実現した。その間天皇家は一貫して真の中心者として代々その御血統が継《けい》嗣《し》されて来たし、それを革命によって〝乗っ取ろうとする人〟は現れて来なかった。これが「中心不滅」の「神の国」の実相を、地上に実現して来た日本国の姿であって、このようなことはどこの他国にも見られなかった「国の永遠不滅性」を現象化したことである。それ故、現代の日本国は、この理想をさらに完成させるために、日本国の建国を心からお祝いしようというのが、すばらしい心構え、即ち愛国心だと言えるのではないだろうか。

輝く未来が待っている〈完〉

輝《かがや》く未来《みらい》が待《ま》っている

平成十六年七月十五日　初版発行
平成十六年十月　十　日　再版発行

著　者　谷口清超（たにぐち せいちょう）

発行者　岸　重人
発行所　株式会社　日本教文社
東京都港区赤坂九―六―四四　〒一〇七―八六七四
電話　〇三（三四〇一）九一一一（代表）
〇三（三四〇一）九一一四（編集）
FAX〇三（三四〇一）九一一八（編集）
〇三（三四〇一）九一三九（営業）

頒布所　財団法人　世界聖典普及協会
東京都港区赤坂九―六―三三　〒一〇七―八六九一
電話　〇三（三四〇三）一五〇一（代表）
振替　〇〇一一〇―七―一二〇五四九

組版　レディバード
印刷・製本　光明社

ISBN4-531-05239-0